Vera Peiffer

Die 7 Wege zum Traumpartner

Vera Peiffer

Die 7 Wege zum Traumpartner

Das Positiv-Training für die Partnersuche

MIDENA

Die Deutsche Bibliothek – CIP-Einheitsaufnahme

Peiffer, Vera:
Die 7 Wege zum Traumpartner : das Positiv-Training für die Partnersuche ; testen Sie Ihre Beziehungsfähigkeit, aktuelle Fallstudien, nützliche Adressen / Vera Peiffer. – Augsburg : Midena, 1997
ISBN 3-310-00268-3

Lektorat: M. Schönberger, Augsburg, Guido Michl, Augsburg
Umschlaggestaltung: Steinkämper-Lohmann, Igling
Umschlagfoto: Stock image, BAVARIA
Fotos: S.5 oben und S.10: Elke Zückert, S.5 unten und S.71: David Hanover/ Tony Stone, S.6 oben und S.112: Evi Keller/ Tony Stone, S.7: Vera Peiffer, S.13: Reinhard Eisele, S.17: J. Heron/ IFA-Bilderteam, S.19: Sally Rands/ Tony Stone, S.21: Petre Danilescu, S.27: J. Heron/ IFA-Bilderteam, S.29: GEWA-Fotodesign, S.36: Elke Zückert, S.38: Reinhard Eisele, S.41: Reinhard Eisele, S.46: GEWA-Fotodesign, S.49: GEWA-Fotodesign, S.55: Brice le Frère, S.59: P. Sinclair/ IFA-Bilderteam, S. 68: GEWA-Fotodesign, S.79: Susanne Holzmann, S.83: J. Heron/ IFA-Bilderteam, S.85: Brice le Frère, S.91: GEWA-Fotodesign, S.92: IFA-Bilderteam, S.95: J. Heron/ IFA-Bilderteam, S.96: Brice le Frère, S.99: Brice le Frère, S.101: Reinhard Eisele, S.103: Brice le Frère, S.104: Robin Laurance/ IFA-Bilderteam, S.108: GEWA-Fotodesign.

MIDENA VERLAG AUGSBURG 1997

Satz: Gesetzt aus der Stone Serif von Marion Kraus, Midena Verlag
Druck und Bindung: Presse-Druck, Augsburg

ISBN 3-310-00268-3
Printed in Germany

Inhalt

Vorwort der Autorin

Lieber Leser, liebe Leserin!

Sie haben also beschlossen, sich jetzt ernsthaft auf Partnersuche zu begeben, und dazu möchte ich Ihnen meinen Glückwunsch aussprechen, denn ein fester Entschluss ist schon der halbe Weg zum Erfolg. Was der Mensch halbherzig angeht, daraus wird auch in den meisten Fällen nichts. Zum Gelingen einer jeden Unternehmung gehören Entschlossenheit und zielgerichtetes Handeln, egal, ob Sie nun überflüssige Pfunde loswerden, schwimmen lernen oder eben den Traumpartner finden wollen.

Vielleicht sind Sie geschieden oder verwitwet oder vielleicht sind Sie einfach ein junger Mensch, der noch nicht den richtigen Partner gefunden hat. Ganz gleich, zu welcher Altersgruppe Sie gehören oder aus welchem Grund Sie zur Zeit partnerlos sind, Sie können eine Menge aus diesem Buch lernen. Dieses Wissen wird Ihnen nicht nur bei der erfolgreichen Partnersuche helfen, sondern Ihnen darüber hinaus auch bei der menschlichen Weiterentwicklung zur Seite stehen.

Wenn Sie sich gerade erst von einem Partner getrennt haben oder seit kurzem verwitwet sind, dann würde ich Ihnen dringend empfehlen, zuerst den Band über das Alleinsein zu lesen (siehe Vera Peiffer: *Die Kunst, das Alleinsein zu genießen)*, und zwar aus folgendem Grund: Es ist wichtig, dass Sie erst einmal über die vorherige Beziehung hinweg sind, bevor Sie an eine neue Bindung denken. Dazu ist es oft notwendig, erst einmal eine Zeit lang allein zu bleiben, um Vergangenes seelisch zu »verdauen«. Auf diese Weise verhindern Sie, dass Sie alten Ballast in eine neue Beziehung mitnehmen, wo Ungeklärtes aus der Vergangenheit ungeahnte (und unerwünschte) Folgen haben kann. Stellen Sie also sicher, dass Sie frei und unbeschwert und ohne seelisches Gerümpel auf die Partnersuche gehen!

In jüngeren Jahren ist die Partnersuche etwas einfacher, da durch Schule, Universität, Lehrstelle und Ausbildungsplatz automatisch ein größerer Sozialkreis gegeben ist, aber auch in späteren Jahren ist es durchaus möglich, einen Lebenspartner zu finden, solange man bereit ist, etwas Initiative zu entwickeln. Niemand braucht allein zu bleiben, wenn er es nicht will. Im vorliegenden Band finden Sie die sieben wichtigsten »Zutaten«, die notwendig sind, wenn Sie nicht einfach nur *irgendeinen* Partner, sondern den *richtigen* finden wollen. Qualität ist in jeder menschlichen Beziehung wichtig, aber ganz besonders, wenn es um den Lebenspartner geht.

Eine positive Einstellung hat schon für viele Menschen zum Erfolg geführt und zu diesen Gewinnern können auch Sie gehören!

Viel Spaß beim Suchen und Finden wünscht Ihnen

Ihre
Vera Peiffer

Die Grundlagen des positiven Denkens

Es ist Ihnen sicherlich schon manchmal passiert, dass Sie morgens aufwachen und sich besonders gut fühlen. Sie haben kaum die Augen aufgeschlagen und sind schon fröhlich und unternehmungslustig. Entsprechend gehen Ihnen dann auch die Alltagsaufgaben flott von der Hand. Sie sind zuvorkommend im Verkehr, bringen den schwierigsten Kunden zum Lachen, erledigen endlich längst Überfälliges und stecken Familie und Arbeitskollegen mit Ihrer guten Laune an. Sehr oft hat dieses positive Hochgefühl seinen Ursprung darin, dass man sich auf etwas Schönes freut, das bald passieren soll. Für manche kann das ein lang ersehntes Wiedersehen mit alten Freunden sein, eine Party am nächsten Wochenende oder auch ein schöner Urlaub, auf den man sich schon lange gefreut hat. Die freudige Erwartung auf ein Ereignis färbt dann auch auf den Rest des Alltags ab und bringt das Beste im Menschen hervor.

Genauso positiv wirkt sich auch ein Kompliment oder eine anerkennende Bemerkung eines anderen Menschen auf unsere Gemütslage aus. Selbst wenn wir selber wissen, dass wir eine Arbeit gut gemacht haben, ist es doch besonders erfreulich und anspornend, wenn

Eine positive Lebenseinstellung fördert Ihr Selbstvertrauen und hilft Ihnen, Ihre Probleme erfolgreich zu meistern.

Wenn Sie sich regelmäßig gut fühlen, Ihre Probleme lösen, mehr Selbstbewusstsein gewinnen und der Zukunft optimistisch entgegensehen wollen.

die Leistung auch von anderen anerkannt und bestätigt wird.

Stellen Sie sich einmal vor, wie es wäre, wenn Sie sich *regelmäßig* so gut fühlten und es die *Ausnahme* wäre, sollte es Ihnen einmal nicht so gut gehen. Stellen Sie sich vor, wie es wäre, wenn Sie eine Methode zur Hand hätten, die es Ihnen ermöglichte, Probleme gut und schnell zu lösen, sodass Sie sich wohler und entspannter fühlten und der Zukunft optimistisch entgegensehen könnten. Wie wäre es, wenn diese Methode Sie in die Lage versetzte, größeres Selbstbewusstsein zu entwickeln, sodass Sie Entscheidungen leicht und sicher treffen könnten? Und wenn diese Methode Ihnen außerdem ermöglichte, Ihr Durchhaltevermögen zu stärken, sodass Sie Ihre Pläne und Wunschträume verwirklichen könnten, wären Sie dann dazu bereit, etwas Arbeit in das Erlernen dieser Methode zu investieren?

Das klingt vielleicht alles zu schön, um wahr zu sein, aber glauben Sie mir, diese Methode existiert tatsächlich. Ich spreche hier natürlich vom positiven Denken. Positives Denken eignet sich für Jung und Alt und ist schon von vielen Menschen mit großem Erfolg angewandt worden. Positives Denken kann Ihnen in allen Lebensbereichen helfen, ob Sie sich bessere Gesundheit, mehr Erfolg im Beruf oder eine glückliche Partnerbeziehung wünschen. Im vorliegenden Band geht es natürlich um Letzteres, aber zunächst möchte ich Sie mit den generellen Grundsätzen des positiven Denkens vertraut machen.

Positives Denken hilft in allen Lebensbereichen.

Es geht hierbei darum, das Unterbewusstsein auf Positiv zu programmieren, sodass Sie im Leben und in Ihrem spezifischen Wunschbereich positive Resultate erzielen können. Damit Sie sich das Verhältnis zwischen Bewusstsein und Unterbewusstsein besser verdeutlichen können, stellen Sie sich einmal vor, dass *der Verstand* (das Bewusstsein) der Kapitän des menschlichen Schiffes ist, während *die Gefühle* (das Unterbewusstsein) die Besatzung darstellen. Offiziell ist natürlich der Kapitän die wichtigste Person, aber in Wirklichkeit kann der Kapitän überhaupt nichts machen, wenn die Mannschaft meutert und den Gehorsam verweigert!

Das Unterbewusstsein positiv programmieren.

Beispiel 1

Sie möchten mit dem Rauchen aufhören.

Auf *bewusster* Ebene sagen Sie sich, dass Rauchen schädlich ist und eine Geldverschwendung darstellt.

Ihr *Unterbewusstsein* rebelliert aber und flüstert Ihnen zu, dass Sie heute doch so einen schweren Tag hatten und sich die Zigarette wirklich verdient haben. Und außerdem: Eine Zigarette mehr oder weniger macht den Kohl schließlich auch nicht fett ...

Resultat: Sie rauchen weiter.

Beispiel 2

Sie möchten sich bei Ihrem Chef über eine Ungerechtigkeit beschweren.

Auf *bewusster* Ebene sagen Sie sich, dass Sie Ungerechtigkeiten aus Prinzip nicht durchgehen lassen sollten, weil sie sonst immer wieder passieren.

Ihr *Unterbewusstsein* dagegen flüstert Ihnen ein, dass es einfacher ist, sich mit der Ungerechtigkeit abzufinden, statt in die Höhle des Löwen zu marschieren.

Resultat: Sie kochen innerlich und sagen nichts.

Beispiel 3

Sie möchten endlich wieder abnehmen und zur Gymnastik gehen.

Auf *bewusster* Ebene sagen Sie sich, dass Sie sich viel wohler fühlen, wenn Sie die Extrapfunde los sind.

Ihr *Unterbewusstsein* suggeriert Ihnen dagegen, dass das alles viel zu anstrengend ist und zu lange dauert.

Resultat: Sie machen noch die nächste Packung Chips auf und bleiben vor dem Fernseher sitzen.

Grundlegende Verhaltensänderungen gelingen nur über die Beeinflussung des Unterbewusstseins.

Sie sehen also, dass es letztendlich immer das Unterbewusstsein ist, das bei der Durchführung eines bewussten Vorsatzes den Ausschlag gibt. Wenn Sie bessere Resultate erzielen wollen, dann hat es also wenig Zweck, mit dem Kapitän (Ihrem Bewusstsein) zu verhandeln, denn der ist sowieso auf Ihrer Seite. Änderungen können nur dann zustande kommen, wenn Sie die Mannschaft (Ihr Unterbewusstsein) zum Mitmachen animieren können. Dazu müssen Sie allerdings wissen, wie Sie an Ihr Unterbewusstsein herankommen und wie Sie es positiv motivieren können.

Wenn Sie Ihr Unterbewusstsein beeinflussen wollen, müssen Sie zu Ruhe und Konzentration finden.

Und genauso, wie es wenig sinnvoll ist, wenn der Kapitän schreit und tobt, um seine sture Mannschaft zum Arbeiten zu bewegen, können Sie auch nicht ins Unterbewusstsein vordringen, während Sie herumhampeln und Ihnen hundert andere Dinge durch den Kopf gehen.

Ruhe und Konzentration

Entspannungsübung

Zunächst müssen Sie sich einen kleinen Freiraum schaffen, wo Sie etwa fünfzehn Minuten lang niemand stört. Schalten Sie den Anrufbeantworter ein oder legen Sie ein Kissen übers Telefon, machen Sie Radio und Fernseher aus und ziehen Sie sich dorthin zurück, wo Sie es sich bequem machen können, entweder in einem Sessel oder auf dem Bett. Die Hauptsache ist, dass Sie Ihren Kopf anlehnen können, sodass die Nackenmuskeln sich auch entspannen können. Lockern Sie enge Kleidung.

Ruhe und Konzentration setzen körperliche und geistige Entspannung voraus.

So wird's gemacht

- Setzen oder legen Sie sich bequem hin. Achten Sie dabei darauf, dass weder Ihre Arme verschränkt noch Ihre Beine übereinander geschlagen sind, da das Spannungen im Rückgrat verursacht.
- Atmen Sie dreimal tief ein und aus, dann schließen Sie die Augen.
- Atmen Sie jetzt noch dreimal tief ein und aus und fühlen Sie, wie Brust- und Bauchbereich sich beim Atmen bewegen.
- Konzentrieren Sie sich jetzt auf Ihre Füße. Spannen Sie die Fußmuskeln an und halten Sie die Spannung, während Sie im Geist *langsam* bis fünf zählen. Dann entspannen Sie die Fußmuskeln *langsam* wieder.
- Wenn Ihre Füße ganz entspannt sind, geben Sie sich einen Moment Zeit, diese Entspannung zu fühlen, bevor Sie mit dem nächsten Schritt weitermachen.
- Wiederholen Sie den gleichen Vorgang mit den Beinen, indem Sie Waden und Oberschenkel anspannen und bis fünf zählen, bevor Sie wieder langsam loslassen.
- Jetzt geht es folgendermaßen weiter:
  Bauchdecke – ziehen Sie den Bauch kräftig ein ... und lassen Sie wieder los;
  Hände – ballen Sie die Fäuste ... und lassen Sie wieder los;
  Arme – spannen Sie die Oberarme an ... und wieder loslassen;
  Schultern – ziehen Sie die Schultern in Richtung Ohren hoch ... und lassen Sie wieder los;
  Gesicht – beißen Sie die Zähne zusammen und kneifen Sie die Augen zu ... und lassen Sie wieder los.

Das Ergebnis dieser Übung ist das Wohlgefühl völliger Entspannung.

Wenn Sie diese Übung in aller Ruhe und gewissenhaft durchgeführt haben, dann sollten Sie am Schluss ein

Gefühl der körperlichen Entspannung empfinden. Diese Entspannung kann sich auf ganz verschiedene Weise darstellen. Manche Leute berichten nach dieser Übung, dass sich ihre Gliedmaßen etwas schwerer anfühlen; andere dagegen empfinden ein Gefühl der Leichtigkeit. Jeder Mensch hat seine individuellen Merkmale, die ihm zeigen, dass er sich körperlich entspannt hat. Dabei gibt es kein »Richtig« oder »Falsch«. Die Atmung kann flacher werden oder aber auch tiefer. Worauf es ankommt, ist lediglich, die Anzeichen wahrzunehmen, die das Gefühl des körperlichen Wohlbefindens begleiten.

Entspannung wird von den Menschen individuell verschieden empfunden.

Am leichtesten finden Sie Ihre Entspannungsmerkmale, wenn Sie nach dem Unterschied zwischen Vorher und Nachher suchen, statt einer vorgefassten Erwartung nachzugehen, wie es sich Ihrer Meinung nach anfühlen sollte, wenn Sie sich entspannen.

Tip 1

Je mehr Sie sich auf diese Übung konzentrieren können, desto klarer erleben Sie das Entspannungsgefühl am Schluss. Um die Konzentration zu fördern, können Sie sich während des Anspannens und Entspannens der einzelnen Körperteile im Geiste vorstellen, wie sich die Muskeln des betreffenden Körperteils beim Anspannen zusammenziehen und beim Entspannen wieder ausweiten. Das muss keineswegs ein anatomisch korrektes Bild sein – stellen Sie sich einfach einen rosaroten Faserstrang vor, der sich zusammenballt und dann wieder glättet.

Tip 2

Auf diese Weise geben Sie Ihrem Bewusstsein etwas zu tun, damit es nicht ganz so leicht von zu vielen anderen Gedanken abgelenkt wird, die nichts mit der Übung zu tun haben.

So können Sie Ihr Bewusstsein aktiv zum Entspannungsprozess beitragen lassen!

Tip 3

Machen Sie sich bitte keine Sorgen, wenn Ihnen doch ab und zu ein paar Alltagsgedanken dazwischenfunken. Für unsere Zwecke ist es nicht notwendig, dass Sie sich die Fertigkeiten eines buddhistischen Mönches aneignen, der wirklich völlig von der Außenwelt abschalten kann. Im Zusammenhang mit dem positiven Denken reicht es schon, wenn Sie die körperliche Entspannung und die geistige Konzentration *verbessern* können. Perfektionismus ist hierbei weder notwendig noch erstrebenswert.

Tip 4

Es ist erstaunlich, wie dringend man sich auf einmal am Kopf kratzen muss, wenn man so eine Entspannungsübung macht! Gleichzeitig ärgert es einen dann, dass man gerade jetzt dieses Bedürfnis hat, weil man doch eigentlich ganz still sitzen will, um sich besonders gut auf die Übung zu konzentrieren. Es ist in diesem Falle wesentlich einfacher, sich eben mal am Kopf zu kratzen, als krampfhaft zu versuchen den Impuls zu unterdrücken und sich auf diese Weise erst recht zu verspannen. Sie werden sehen, dass diese kleinen Ablenkungen nach mehrmaligem Üben nicht mehr so häufig auftreten.

Die Entspannungsübung ist eine grundlegende Voraussetzung für alle weiteren Schritte.

Ich gehe auf diese Entspannungsübung so ausführlich ein, weil sie von grundlegender Bedeutung für die nachfolgenden Übungen ist. Genauso, wie es Ihnen nicht im Traum einfallen würde, ein Fahrzeug zu reparieren, während es mit hundert Stundenkilometern die Autobahn entlangrast, genauso wenig können Sie Ihr Unterbewusstsein auf Positiv umstellen, während Ihr Bewusstsein auf Volltouren läuft. Üben Sie also bitte erst ein paar Mal, Körper und Geist zu beruhigen und zu entspannen, denn nur so werden die folgenden positiven Kurzformeln im Unterbewusstsein auch tatsächlich Fuß fassen können.

Besonders bei der Partnersuche ist es ganz wichtig, mit einer optimistischen Einstellung ans Werk zu gehen, nicht nur, weil Sie dann weniger leicht der Versuchung erliegen, mit einem unpassenden Partner vorlieb zu nehmen, statt weiterzusuchen, sondern auch, weil ein optimistischer Mensch attraktiver auf andere wirkt und außerdem selber mehr Spaß am Leben hat.

Die folgenden Kurzformeln können Sie an Ihre Entspannungsübung einfach anhängen, indem Sie danach mit geschlossenen Augen ruhig sitzen bleiben und die Formel(n) mindestens zehnmal wiederholen. Sie können sich entweder eine einzelne Formel heraussuchen oder auch mehrere oder alle. Sie dürfen durchaus Ihren individuellen Vorlieben nachgeben, denn jeder Mensch ist anders und reagiert unterschiedlich auf ein und dieselbe Formulierung.

Mit Ruhe und größerer Gelassenheit können Sie Ihrem Leben eine positive Wende geben.

Kurzformeln

- Ich bin ruhig und gelassen und sehe der Zukunft mit Freude entgegen.
- Mit meiner gelassenen Einstellung gelingt mir alles gut und leicht.
- Mit Ruhe und harmonischen Gedanken bringe ich alles Gute in mein Leben.
- Ich freue mich auf all die schönen Dinge, die im Leben auf mich warten.
- Ich lebe mein Leben mit innerer Ruhe und Freude.

Die Kurzformeln können nur dann ihre positive Wirkung entfalten, wenn Sie sie konsequent im Alltag wiederholen.

Verwenden Sie diese Formeln in den ersten zwei Wochen ganz konsequent im Anhang an die Entspannungsübung, um die Suggestionen fest ins Unterbewusstsein einzuprägen. Am Anfang haben Sie vielleicht noch einige innere Zweifel zu überwinden, an die Aussage der Formel zu glauben, und gerade deswegen ist es wichtig, sie immer wieder im entspannten Zustand ins Unterbewusste einzugeben. Zusätzlich würde ich Ihnen auch noch empfehlen, die Formeln tagsüber öfter zwischendurch zu wiederholen, wenn es Ihnen gerade einfällt. Besonders, wenn Sie gerade Leerlauf haben, während Sie irgendwo warten müssen, nutzen Sie die Zeit, die Formeln innerlich herzusagen. Stellen oder setzen Sie sich dabei gerade hin, halten Sie den Kopf hoch und wiederholen Sie innerlich die Formel(n) Ihrer Wahl mindestens zehnmal hintereinander, bis Sie merken, wie Ihre Laune sich hebt. Auf diese Weise können Sie die langweilige Zeit beim Schlangestehen an der Kasse oder beim Warten an der roten Ampel positiv nutzen.

Fallbeispiel

Frau Gerber (26) kam zu einem meiner Seminare. Sie war verheiratet und hatte zwei kleine Kinder im Vorschulalter. Obwohl sie zur Zeit nicht in einem Beruf arbeitete, fühlte sie sich trotzdem überfordert. »Ich komme einfach nicht mit der Doppelbelastung von Haushalt und Kindern klar«, erzählte sie. »Es macht mich ganz nervös, wenn sich an manchen Tagen die Aufgaben häufen, die ich erledigen muss.« Besonders störte es Frau Gerber, dass sie dabei oft ihre Unsicherheit als Gereiztheit an den Kindern ausließ. »So war meine Mutter damals auch und das war schrecklich für mich als Kind. Ich möchte das meinen eigenen Kindern wirklich nicht antun, aber ich weiß einfach nicht, wie ich

es abstellen soll.« Frau Gerber hatte sich ganz offensichtlich bei ihrer Mutter die Einstellung »abgeguckt«, dass es unmöglich ist, mit den Anforderungen von Haushalt und Kindern in Ruhe fertig zu werden.

Ich machte die junge Frau darauf aufmerksam, dass es nicht die Situation *an sich* wäre, die sie unter Druck setze, denn sonst müsste sich ja *jede* Mutter gestresst fühlen. Das ist aber nicht der Fall. Manchen Frauen gelingt es ausgezeichnet, Haushalt und Kinder ganz fröhlich unter einen Hut zu bringen. Es ist also nicht die Situation an sich, die problematisch ist, sondern *die Einstellung des Einzelnen,* die darüber bestimmt, ob Sie gut oder schlecht mit Ihren Umständen klarkommen.

Mit Optimismus ist der Alltag viel leichter zu bewältigen.

Frau Gerber lernte im Seminar sich körperlich zu entspannen und zusätzlich suchte sie sich noch die Kurzformeln aus: »In aller Ruhe mache ich eines nach dem anderen. Es macht mir Spaß, meine Arbeit gut und zügig zu erledigen, und ich freue mich an meinen Kindern.«

Drei Wochen nach dem Seminar erhielt ich einen Brief von Frau Gerber, in dem sie berichtete, dass sie zu Hause schon große Fortschritte gemacht hätte und dass auch die Kinder viel vergnügter wären, seit sie ihr Tagespensum gelassener anging.

Nicht immer ist die Situation an sich problematisch, sondern unsere Einstellung zu ihr.

1 SCHRITT

Sind Sie wirklich sicher, dass Sie eine Beziehung wollen?

Besonders nach Jahren des Alleinseins finden es manche Menschen schwer, sich hundertprozentig für die Partnersuche zu entscheiden. Entsprechend halbherzig fallen dann auch Versuche aus, neue Menschen und somit einen eventuellen neuen Partner kennen zu lernen. Wie kann das sein? Man sollte doch meinen, dass jemand, der sich Tag und Nacht nach einem Partner sehnt, alle Hebel in Bewegung setzt, um diesen Traum wahr zu machen, und trotzdem rühren sich viele nicht vom Fleck, um etwas Konstruktives zu unternehmen.

Positives Denken allein genügt nicht.

Aber so ganz ohne ein paar aktive Schritte geht es auch beim positiven Denken nicht. Es reicht nicht, sich optimistische Kurzformeln für die kommende Fahrprüfung zu suggerieren, wenn man gleichzeitig nicht das Anfahren am Berg geübt hat. Genauso unsinnig ist es, zu Hause herumzusitzen und vage darauf zu hoffen, dass gleich der Märchenprinz auf seinem weißen Pferd angaloppiert kommt oder Claudia Schiffer bei Ihnen an die Wohnungstür klopft, um sich den Föhn auszuborgen.

Partnersuche und Partnerwahl sind eine heikle Sache. Unsicherheit und Zweifel sind völlig normal.

Warum es wichtig ist, Ziele zu haben.

Um im Leben Erfolg zu haben, müssen Sie sich ein klares Ziel stecken *und* dieses Ziel beharrlich verfolgen. Das gilt auch für die Partnersuche. Erinnern Sie sich noch an die Fabel vom Wettlauf zwischen dem Hasen und der Schildkröte? Der Hase verliert am Schluss, weil er mal hierhin und mal dorthin rennt, während die Schildkröte sich nicht von ihrem Kurs abbringen lässt und langsam aber stetig auf ihr Ziel zusteuert. Ausdauer zahlt sich aus, aber die meisten Singles verhalten sich eher wie der Hase: Sie lassen sich ständig von tausend anderen Dingen ablenken und geben dann schließlich irritiert auf, weil nichts klappt.

Trotz des Wunsches nach einer Partnerschaft sind sich nämlich viele Singles gar nicht so sicher, ob sie die Vorteile des Alleinlebens wirklich aufgeben möchten. Man hat Zweifel und fragt sich, ob es den richtigen

Werden Sie von Selbstzweifeln gehemmt?

Partner für einen überhaupt gibt. Man argwöhnt, dass man womöglich zu viele Kompromisse machen müsste und dass eine Beziehung der eigenen Karriere vielleicht im Weg stehen könnte. Diese Zweifel bremsen ganz ungemein und müssen erst aus dem Weg geräumt werden, denn wenn Sie sich noch nicht einmal sicher sind, ob Sie am Wettlauf teilnehmen wollen, kommen Sie garantiert nie ans Ziel.

Gehören Sie auch zu dieser Kategorie der heimlichen Zweifler? Der folgende Test wird Ihnen darüber Aufschluss geben.

Sind Sie nur mit halbem Herzen bei der Partnersuche?

Test

Geben Sie sich einen Punkt für jede Aussage, die auf Sie zutrifft:

»Ich hätte natürlich gerne einen Partner, aber ...

1. ... ich kann mir nicht vorstellen, dass es jemanden gibt, der meinen hohen Ansprüchen genügt.«
2. ... ich habe Angst davor, noch einmal so verletzt zu werden wie beim letzten Mal.«
3. ... ich möchte eigentlich keine Kompromisse machen müssen.«
4. ... ich befürchte, dass mich eine Beziehung zu sehr von meiner Karriere ablenken würde.«
5. ... ich möchte meine Unabhängigkeit nicht verlieren.«
6. ... ich möchte kein Risiko eingehen.«
7. ... ich will meine Geheimnisse für mich behalten.«
8. ... ich habe Angst, die Kontrolle über mein Leben zu verlieren.«

9. ... ich will nicht noch einmal eine Scheidung durchmachen, falls die nächste Beziehung wieder danebengeht.«
10. ... ich bin nicht sicher, ob ich wirklich mit jemandem anderen auskommen kann.«
11. ... ich bin wahrscheinlich sowieso zu alt, um noch mal mit jemandem neu anzufangen.«
12. ... ich sehe nicht gut genug aus, als dass sich jemand für mich interessieren könnte.«
13. ... ich fände es peinlich, wenn andere Leute merkten, dass ich auf Partnersuche bin.«

Punkteauswertung

Je mehr Punkte Sie haben, desto unwahrscheinlicher ist es, dass Sie einen Partner finden, denn mit jedem Zweifel blockieren Sie Ihre Chancen mehr und mehr. Jeder Zweifel ist ein innerer Sabotageakt, der Ihre Entschlossenheit und Ihr Durchhaltevermögen ganz wesentlich schwächt.

Die häufigsten (Fehl-)Annahmen, die den Selbstzweifeln zugrunde liegen

1. »Es gibt wahrscheinlich niemanden, der meinen hohen Ansprüchen genügt.«

Es kommt natürlich darauf an, was Sie unter »hohen Ansprüchen« verstehen. Wenn es Ihnen dabei um Charaktereigenschaften wie Ehrlichkeit, Offenheit, Bindungsfähigkeit und Zuverlässigkeit geht, dann stellen Sie damit keineswegs überzogene Forderungen. Und nur, weil Ihr vorheriger Partner diese Eigenschaften *nicht* vorweisen konnte, heißt das noch lange nicht,

Was Charaktereigenschaften anbelangt, können Sie keine zu hohen Ansprüche haben.

dass es so eine Person nicht gibt. Schließlich sind Sie selbst ja ein Beispiel dafür (so hoffe ich wenigstens), dass Ehrlichkeit, Offenheit, Bindungsfähigkeit und Zuverlässigkeit existieren. Mehr zu diesem Thema siehe S. 74ff.

Wenn man nur auf Äußerlichkeiten achtet.

Wenn Ihre Ansprüche allerdings dahin gehen, dass Sie eine 18-jährige Blondine mit Beinen bis unter die Achseln suchen bzw. hinter einem steinreichen Tom-Cruise-Verschnitt her sind, dann könnten diese Erwartungen zu Enttäuschungen führen. Wer Äußerlichkeiten wie Schönheit oder Reichtum zu den einzigen Kriterien seiner Partnerwahl macht, entblößt sich als oberflächlicher Mensch.

Wenn man schlechte Erfahrungen gemacht hat oder über eine Trennung noch nicht hinweg ist.

2. »Ich habe Angst davor, noch einmal so verletzt zu werden wie beim letzten Mal.«

Gebranntes Kind scheut das Feuer. Wenn Sie über Ihre letzte Beziehung noch nicht hinweg sind, dann sollten Sie sich erst einmal den vorigen Band in dieser Ratgeberreihe vornehmen (Vera Peiffer: *Die Kunst, das Alleinsein zu genießen)*. Wenn Sie noch dem früheren Partner nachtrauern, können Sie einer neuen Beziehung nicht Ihre volle Aufmerksamkeit schenken, und damit tun Sie weder sich noch Ihrem neuen Partner einen Gefallen.

Haben Sie dieses Problem jedoch nicht, dann machen Sie sich klar, dass Vergangenes sich durchaus nicht zu wiederholen braucht, vorausgesetzt, Sie haben erkannt, was damals schief gelaufen ist, sodass Sie beim nächsten Mal nicht wieder den gleichen Fehler machen.

Wenn man sich nicht recht klar ist, wonach man sucht.

3. »Ich möchte eigentlich keine Kompromisse machen müssen.«

Das brauchen Sie auch nicht, *solange Sie Ihren neuen Partner sorgfältig auswählen!* Je besser Sie beide zusammenpassen, desto weniger müssen Sie sich einschränken. Es mag zwar sein, dass Gegensätze sich anziehen, aber diese Attraktion hält meistens nicht allzu lange vor, wenn es um das tägliche Zusammenleben geht. Halten Sie sich also lieber an den Spruch »Gleich zu Gleich gesellt sich gern«, wenn Sie einen Partner suchen. Und wenn Sie erst mal den oder die Richtige gefunden haben, werden Sie sehr schnell merken, wie leicht hie und da ein kleines Zugeständnis fällt, ohne dass Ihnen dabei ein Zacken aus der Krone bricht.

4. »Ich befürchte, dass mich eine Beziehung zu sehr von meiner Karriere ablenken würde.«

Wenn einem der berufliche Erfolg über alles geht.

Dann müssen Sie eben nach jemandem suchen, dem es ganz recht ist, dass Ihnen Ihre Karriere so viel bedeutet. Das kann entweder jemand sein, der selbst in seinem Beruf weiterkommen möchte, oder jemand, dem es nichts ausmacht, wenn Sie relativ viel Zeit im Büro verbringen. Jemandem, der einem Hobby nachgeht, kann es ganz recht sein, wenn Sie nicht dauernd zu Hause sind, weil er sich dann seinem Hobby widmen kann.

5. »Ich möchte meine Unabhängigkeit nicht verlieren.«

Wenn man bindungsscheu ist, noch nicht den »Richtigen« gefunden hat oder Angst vor Intimität hat.

Es kommt darauf an, was Sie mit »Unabhängigkeit« meinen. Sind Sie bindungsscheu und möchten sich deshalb nicht auf einen Partner festlegen? Dafür kann es zwei verschiedene Gründe geben. Entweder haben Sie einfach noch nicht den richtigen Menschen gefunden oder Sie haben Angst vor einer intimen Beziehung. Ist Letzteres der Fall, dann sollten Sie sich psychologischen Rat holen, um die Ursachen der Angst aufzudecken und sie zu überwinden.

Wenn Sie allerdings kein Problem mit der Bindungsfähigkeit haben, brauchen Sie sich trotzdem keine

Gemeinsamkeit und Unabhängigkeit gehören in einer guten Partnerschaft zusammen.

Sorgen um Ihre Unabhängigkeit zu machen. In einer guten Beziehung kann man durchaus auch Dinge allein tun. Nicht immer teilen Partner das Interesse an den gleichen Hobbys und das kann durchaus auch ein Vorteil sein. Machen Sie ruhig einiges allein, denn dann gibt es umso mehr zu erzählen, wenn Sie abends Ihren Partner wiedersehen.

6. »Ich möchte kein Risiko eingehen.«
Wovor haben Sie Angst? Dass Sie sich lächerlich machen, wenn andere herausfinden, dass Sie einen Partner suchen? Dass Sie enttäuscht wären, wenn Sie trotz intensiven Suchens niemanden finden, der Ihnen gefällt oder der Sie will? Oder dass der Partner, den Sie anfangs für ideal hielten, sich später als ungeeignet herausstellt? Sie haben natürlich ganz Recht, dass sowohl die Partnersuche als auch die Partnerschaft mit einem anderen Menschen Risiken mit sich bringt, aber Risiken müssen Sie auch sonst im Leben in Kauf nehmen. Das Leben ist nun mal lebensgefährlich!

Wenn es Ihnen an Selbstvertrauen fehlt.

Wenn Ihnen mangelndes Selbstvertrauen den Weg zur Partnersuche verstellt, können Ihnen einige Sitzungen mit einem guten Psychotherapeuten ganz erheblich weiterhelfen (Kontaktadressen im Anhang auf S. 127).

7. »Ich möchte meine Geheimnisse für mich behalten.«
Jeder Mensch hat seine kleinen Macken und Angewohnheiten, die er nicht so leicht vor anderen zugibt. Ob Sie sich beim Zeitungslesen leidenschaftlich gerne in der Nase bohren oder ob Sie Ihre Unterwäsche nur einmal in der Woche wechseln, stört niemanden, solange Sie alleine leben, kann aber peinlich werden, wenn es ein anderer entdeckt. Oder vielleicht haben Sie Bedenken, was Ihre Figur betrifft, und scheuen sich

Die ideale Partnerschaft gibt es nicht. Man muß an ihr arbeiten wollen.

davor, dass ein neuer Partner an Ihren Krampfadern, Ihren Pickeln auf dem Rücken oder Ihrer Körperbehaarung Anstoß nimmt? Das kann natürlich passieren, *aber nicht, wenn Sie den richtigen Partner haben.* Den richtigen Partner erkennen Sie daran, dass er Sie liebt, wie Sie sind, mit allen Makeln. Nur weil Sie etwas an Ihrem eigenen Körper stört, heißt das noch lange nicht, dass es auch andere Leute stören muss. Das In-der-Nase-Bohren könnten Sie sich allerdings wirklich abgewöhnen!

Wenn Sie unsicher sind oder schlechte Erfahrungen gemacht haben.

8. »Ich habe Angst, die Kontrolle über mein Leben zu verlieren.«

Das kann Ihnen nur passieren, wenn Sie Unsicherheiten mit sich herumtragen oder wenn Sie den falschen Partner haben. Wenn Sie meinen, in einer Beziehung Ihre eigenen Wünsche aufgeben zu müssen, dann liegt das Problem nicht in der Beziehung, sondern in Ihrer eigenen *Einstellung* zu Beziehungen. Diese Unsicherheiten lassen sich aber beheben, entweder mit Übungen, die das Selbstvertrauen stärken (siehe S. 84) oder in Zusammenarbeit mit einem Therapeuten. Wenn es

Wenn Sie Unsicherheiten mit sich herumtragen.

allerdings Ihr Partner ist, der von Ihnen verlangt, sich ständig anzupassen und eigene Wünsche regelmäßig zurückzustellen, dann haben Sie bei der Auswahl nicht gut genug aufgepasst. In einer guten Beziehung respektieren sich die Partner gegenseitig und dazu gehört auch, die Wünsche des anderen ernst zu nehmen.

Wenn negatives Denken Platz greift.

9. »Ich will nicht noch einmal eine Scheidung durchmachen, falls die nächste Beziehung wieder danebengeht.«
Für diesen Satz gibt es den ersten Preis im negativen Denken! Sie haben noch nicht mal einen Partner gefunden und schon sind Sie in Gedanken wieder von ihm oder ihr geschieden. Lassen Sie nicht zu, dass die Phantasie mit Ihnen durchgeht, und bremsen Sie den D-Zug in Ihrem Kopf.

In den folgenden Kapiteln dieses Buches finden Sie klare Anweisungen, worauf Sie bei der Partnerwahl achten sollten, wie Sie Fehler vermeiden können und wie Sie am schnellsten eine größtmögliche Anzahl neuer Menschen kennen lernen, sodass Sie Auswahl bei der Partnersuche haben. Mit diesen neuen Kenntnissen und einer positiven Einstellung sind Sie dann viel eher in der Lage, die große Liebe zu finden, die auch hält.

Wenn man die Ursachen eines Fehlschlags nicht kennt.

10. »Ich bin nicht sicher, ob ich wirklich mit jemandem anderen auskommen kann.«
Vielleicht haben Sie in dieser Beziehung schlechte Erfahrungen gemacht. Fragen Sie sich einmal, woran es gelegen hat, wenn Sie in der Vergangenheit mit Ihrem Partner nicht klargekommen sind. Haben Sie Eigenschaften, die es einem Partner schwer machen, in Frieden mit Ihnen zusammenzuleben? Oder war es Ihr Partner, der sich keine Mühe gegeben hat? Zerlegen Sie das Problem einmal in seine Einzelteile und analysieren

Sie es. Das wird Ihnen Aufschluss geben, ob Sie an sich selber arbeiten oder bei der Partnerwahl kritischer vorgehen müssen. Eine ernsthafte Analysierung einer fehlgeschlagenen Beziehung mag nicht gerade ein erfreulicher Zeitvertreib sein, ist aber zur Vermeidung ähnlicher Fehler in der nächsten Beziehung von unschätzbarem Wert.

Alles ist relativ!

11. »Ich bin wahrscheinlich sowieso zu alt, um noch mal mit jemandem neu anzufangen.«

Diesen Satz habe ich einmal von einer 25-jährigen gehört. Wenn Sie als Leser oder Leserin dieses Buches vierzig, fünfzig oder älter sind, schütteln Sie wahrscheinlich den Kopf über dieses junge Ding, das sich solche unnützen Sorgen macht. Sie würden dieser jungen Frau vielleicht sagen: »*Sie* finden *bestimmt* wieder einen Partner, aber *ich* in *meinem* Alter ...« Und dann stelle ich Ihnen meine 65-jährige Nachbarin vor, die vor vier Jahren geheiratet hat!

Wer innerlich jung geblieben ist, kann durchaus eine neue Partnerschaft eingehen.

Alter findet im Herzen statt. Wenn Sie sich innerlich jung genug fühlen eine Beziehung einzugehen, dann haben Sie genau die gleichen Chancen wie jemand, der jünger ist als Sie.

Schönheit bedeutet für jeden etwas anderes!

12. »Ich sehe nicht gut genug aus, als dass sich jemand für mich interessieren könnte.«
Wissen Sie, was Michelle Pfeiffer und Marilyn Monroe gemeinsam haben? Beide Schauspielerinnen sagten einmal in einem Interview, dass sie sich hässlich fänden. Und doch werden beide auf der ganzen Welt als schöne Frauen gefeiert. Was Sie sehen, wenn Sie in den Spiegel blicken, ist keineswegs immer das, was andere Menschen sehen, wenn sie Sie anschauen. Manche Männer mögen an einer Frau eine füllige Figur. Besitzen Sie eine solche, dann bezeichnen Sie sich selbst vielleicht oft abschätzig als »fett«, während viele Männer Sie eher als angenehm weiblich empfinden würden. Genauso gut kann es sein, dass Sie sich als Mann über mangelnden Haarwuchs Sorgen machen, während es viele Frauen überhaupt nicht stört, dass Ihre Geheimratsecken bis auf den Hinterkopf gehen. Schönheit ist und bleibt relativ, also machen Sie sie nicht zum Stolperstein auf Ihrem Weg zum Traumpartner!

Partnersuche ist nicht peinlich!

13. »Ich fände es peinlich, wenn andere Leute merkten, dass ich auf Partnersuche bin.«
Dann packen Sie den Stier doch einfach bei den Hörnern und machen Sie es lauthals publik! Verschicken Sie Bekanntmachungen an Freunde, Nachbarn, Eltern und Geschwister, dass Sie ab sofort offiziell auf Partnersuche sind! Je offener Sie darüber sprechen, desto einfacher machen Sie es sich. Wenn Sie selber sich so verhalten, als ob die Partnersuche etwas Anrüchiges wäre, dann

dürfen Sie sich nicht wundern, wenn andere Sie in dieser Annahme bestätigen. Geklatscht wird sowieso, also können Sie Ihre Absichten gleich herumerzählen. Auf diese Weise können Freunde und Bekannte auch bei der Suche mithelfen. So manche Beziehung ist schon zustande gekommen, weil Freunde oder Bekannte zwei Menschen zusammengeführt haben, die beide allein stehend waren und gut zusammenpassten.

Hören Sie auf zu zweifeln und fangen Sie an zu glauben. Nehmen Sie sich fest vor, sich lieber zu Tode zu glauben, als nur noch einmal am Gelingen Ihres Unterfangens zu zweifeln. Sie kommen auf jeden Fall zum Ziel, solange Sie nicht aufgeben.

Merksatz

Beharrlichkeit und Geduld führen *garantiert* zum Ziel.

Bleiben Sie am Ball, indem Sie die folgenden Sätze an Ihre Entspannungsübung anhängen:

Kurzformeln

- Mein idealer Partner ist schon zu mir unterwegs.
- Mit jedem neuen Tag komme ich dem ersten Treffen mit meinem idealen Partner näher.
- Ich verfolge das Ziel der Partnersuche mit Freude und Gelassenheit.
- Bis ich meinen Traumpartner gefunden habe, nutze ich die Zeit, um mich selbst zum Traumpartner zu entwickeln.

2 SCHRITT

Lassen Sie sich nicht von Pessimisten beirren!

Wenn erst mal bekannt wird, dass Sie auf Partnersuche sind, kommen oft die Pessimisten aus dem Gebälk. »Was, du in deinem Alter? Da würde ich mir aber an deiner Stelle nicht allzu große Hoffnungen machen ...« – »Eheanbahnungsinstitute sind doch reine Geldmacherei.« – »Frauen wollen heutzutage nur Karriere machen. Die interessieren sich doch gar nicht mehr für ein Familienleben!« – »Wenn du in den letzten vier Jahren niemanden gefunden hast, findest du jetzt auch keinen Partner mehr.«

Nicht jeder wohlmeinende Mensch meint es gut mit Ihnen.

Solche und ähnliche weise Sprüche werden Ihnen aller Wahrscheinlichkeit nach von wohlmeinenden Menschen ab und zu kredenzt, wenn bekannt wird, dass Sie einen Partner suchen. Auf einmal wird jeder zum Fachmann. Menschen, die im ganzen Leben noch nichts mit einem Eheanbahnungsinstitut zu tun hatten, wollen Sie nun diesbezüglich beraten. Männer, deren eigene Frauen ein Leben lang brav Haus und Kinder gehütet haben, geben ihre Meinung zur heutigen Generation der Frauen ab, von der sie so gut wie nichts verstehen. Es wird generalisiert, wild drauflosgeraten und ohne einen Funken Fachwissen psychologisiert, und irgendwie endet das Ganze dann immer mit dem Rat, sich nur keine falschen Hoffnungen zu machen oder die Suche gar nicht erst anzufangen.

Diese Unkenrufe können gleichermaßen von verheirateten *und* von allein stehenden Freunden kommen. Ich habe festgestellt, dass die negativsten Kommentare oft von Menschen stammen, die selber in einer unglücklichen Beziehung stecken, oder von Singles, die selber kein großes Selbstvertrauen besitzen und deshalb noch keinen Partner gefunden haben. Und diese Menschen wollen andere beraten!

Merksatz

Hören Sie grundsätzlich nur auf den Rat erfolgreicher Menschen.

Verschwenden Sie keine Zeit damit, dem negativen Gejammer erfolgloser Menschen zuzuhören. Negativität ist ansteckend – halten Sie also Abstand von miesepetrigen Leuten; Sie sind schließlich nicht der seelische Müllabladeplatz der Nation.

Es gibt seriöse Partnerschaftsvermittlungen.

Genauso pessimistisch wie die persönliche Meinung von Verwandten und Bekannten kann auch die Presse sein. Sobald ein Fall bekannt wird, wo ein Eheanbahnungsinstitut einen Kunden über den Tisch gezogen hat, wird das lang und breit berichtet, denn schlechte Nachrichten verkaufen sich nun leider am besten. Natürlich stimmt es, dass es unseriöse Partnervermittlungsinstitute gibt, aber Unehrlichkeit und Wucher können Sie in allen anderen Berufssparten auch finden. Leider hören wir nie von den vielen Menschen, die durch seriöse Institute ihren Traumpartner gefunden haben. Und da es den meisten Menschen auch heute noch peinlich ist zuzugeben, dass sie ihren Partner mit Hilfe eines Vermittlungsinstitutes gefunden haben, spricht es sich im Allgemeinen auch nicht herum, welche Institute besonders gut sind.

Interpretieren wir die Trends des modernen Lebens richtig?

Und dann sind da noch die Statistiken. Jede dritte Ehe wird in Deutschland wieder geschieden und die Zahl der Singles steigt stetig. Außerdem werden Frauen im Durchschnitt älter als Männer, sodass es in den oberen Altersklassen mehr allein stehende Frauen als Männer gibt. Frauen sind zudem heutzutage finanziell wesentlich unabhängiger als noch vor fünfzig Jahren und haben daher die Möglichkeit, sich von ihrem Partner zu trennen, wenn die Beziehung nicht mehr zu retten ist. Die aus diesen Untersuchungen gezogene Schlussfolgerung lautet dann, dass die Menschen egoistischer geworden und nicht mehr gewillt seien, Nachsicht zu üben, wenn ihr Partner sich als unzulänglich erweist. Deprimierende Aussichten für die, die sich trotzdem binden wollen ...

Aber ist diese Interpretation der heutigen Trends wirklich richtig? Ist es wirklich Selbstsucht, die uns dazu veranlasst, uns leichter zu trennen oder gar nicht erst zu binden? Ich glaube nicht. Die Erklärung liegt meines Erachtens eher darin, dass wir anspruchsvoller geworden sind, und das ist durchaus begrüßenswert. Es ist heute keineswegs mehr ungewöhnlich allein zu leben und das gibt Ihnen die Wahl. Was vor hundert Jahren noch unerhört war, ist heute durchaus akzeptabel und gesellschaftsfähig. Wer weiß, wie viele Ehen vor der Jahrhundertwende auseinander gegangen wären, wenn Frauen sich ihr eigenes Geld verdient hätten und Männer weniger von der öffentlichen Meinung abhängig gewesen wären ...

Früher war das Leben nicht einfacher.

Es ist nicht nur normal, sondern sogar notwendig, bei einem eventuellen Partner auf einem gewissen Niveau zu bestehen. Fürs Unglücklichsein gibt es keine Medaillen und Sie sind besser dran, wenn Sie allein sind, als wenn Sie in einer lieblosen Beziehung still vor sich hin leiden. Die Verantwortung für Ihr seelisches Wohlergehen liegt ganz alleine bei Ihnen, und wenn Sie wirklich alles versucht haben die Beziehung mit Ihrem Partner zu retten und trotzdem nicht weiterkommen, dann müssen Sie sich von ihm oder ihr trennen. Aber auch als Single tragen Sie die Verantwortung für Ihr Wohlergehen selbst. Wenn es wirklich Ihr Herzenswunsch ist, sich wieder zu binden, sind Sie es sich schuldig, sich für die Erreichung dieses Ziels auch einzusetzen.

Es ist besser allein zu leben als in einer lieblosen Beziehung zu leiden.

Sie sind für Ihr seelisches Wohlbefinden selbst verantwortlich.

Wenn Sie sich etwas Gutes tun wollen, dann verlassen Sie sich nicht auf die pessimistischen Aussagen Ihrer Mitmenschen oder die der Presse, sondern machen Sie lieber Ihre eigene Umfrage.

Fragen Sie die wirklichen Experten

Was Sie von glücklichen Partnerschaften lernen können.

Wann immer sich Ihnen eine Gelegenheit bietet, sprechen Sie mit Menschen, die von sich selber sagen, dass sie in einer glücklichen Beziehung sind.

1. Fragen Sie, *warum* diese Menschen ihre Beziehung für glücklich halten.
2. Fragen Sie, wie diese Menschen mit *Meinungsverschiedenheiten* in der Beziehung umgehen.
3. Fragen Sie, *wie diese Menschen ihren Partner kennen gelernt haben.*
4. Fragen Sie, *was* sie für ihre Partnerschaft *tun.*

Partner in einer glücklichen Beziehung sind sich über grundlegende Werte einig.

Kompromisse sind vor dem Hintergrund gegenseitigen Respekts nie faul.

Sie werden feststellen, dass sich die Partner in einer glücklichen Beziehung über grundlegende Werte einig sind. Sie respektieren und schätzen einander, verbringen gerne einen Großteil ihrer Freizeit zusammen und können offen miteinander sprechen. Wenn es ab und zu eine Unstimmigkeit gibt, können sie sich darüber aussprechen, Missverständnisse klären und so letztendlich das Problem aus der Welt schaffen. Kompromisse werden von einem Gefühl des Miteinanders und Füreinanders getragen und ohne Missmut eingehalten, weil die Partner eine innige Liebe zueinander empfinden, die es ihnen erlaubt, die Bedürfnisse des anderen in das gemeinsame Leben zu integrieren.

Beim Kennenlernen spielen die unwahrscheinlichsten Zufälle eine Rolle.

Wenn Sie danach fragen, wie sich das glückliche Paar kennen gelernt hat, dann werden Sie vielleicht in einigen Fällen staunen, welche Zufälle da oft mitgespielt haben. Das heißt allerdings nicht, dass Sie sich von jetzt an nur noch auf einen glücklichen Zufall verlassen sollten, der Ihnen den Traumpartner direkt vor der Haustür abliefert. Verhalten Sie sich stattdessen lieber wie ein Lottospieler, der mit System spielt. Arbeiten Sie die sieben Schritte in diesem Buch gewissenhaft durch, denn Sie können Ihrem Glück auf die Sprünge helfen, indem Sie Ihre eigenen Unsicherheiten aus dem Weg räumen und Ihren Blick auf Qualitätskontrolle schalten, während Sie suchen. Und selbst, *wie* Sie nach einem Partner suchen können, lernen Sie in diesem Buch (siehe S. 46ff.)!

So helfen Sie Ihrem Glück auf die Sprünge.

Beim positiven Denken während der Partnersuche ist es wichtig, dass Sie sich auf das konzentrieren, was Sie wollen, und nicht auf das, was Sie nicht wollen.

Merksatz

Erfolgreiche Gedanken führen zu erfolgreichen Resultaten.

Umgeben Sie sich mit Menschen, von denen Sie lernen können erfolgreich zu sein. Schauen Sie sich ab, wie es diese Leute schaffen, im Beruf vorwärts zu kommen, mit ihren Verwandten in Frieden zu leben oder auch einen Partner zu finden. Gehen Sie dabei nicht einfach davon aus, dass diese Menschen mehr »Glück« gehabt haben als Sie, sondern sehen Sie genau hin, was sie anders oder besser machen. Vergleichen Sie einmal:

Was man von erfolgreichen Menschen lernen kann.

- Gehen die erfolgreichen Menschen spontaner auf andere zu?
  Wer leicht Kontakt herstellen kann, ist oft im Vorteil, weil es offener und einladender wirkt, wenn Sie auf jemanden zugehen können.
- Fällt es erfolgreichen Menschen leichter, aktiv an einem Gespräch teilzunehmen?

Menschen, die offen und spontan sind, haben es oft leichter im Leben.

Das braucht keineswegs zu bedeuten, dass Sie wie ein Wasserfall reden müssen, aber es ist schon von Vorteil, wenn Sie sich klar ausdrücken und relativ einfach mit anderen kommunizieren können.

- Sind die erfolgreichen Menschen immer unbedingt sehr lebhafte Typen?
  Erfolgreich sein ist nicht das Gleiche wie laut sein. Sie können durchaus auch als ruhiger Typ beim anderen Geschlecht gut ankommen, solange Ihre zurückhaltende Art kein Deckmantel für mangelndes Selbstwertgefühl ist.

Seien Sie offen für neue Menschen!

Zum Pessimismus besteht kein Grund. Die Suche nach einer glücklichen Beziehung muss durchaus nicht schwierig oder unbefriedigend sein. Sie können natürlich die Liebe eines anderen Menschen nicht erzwingen, aber Sie können zumindest sicherstellen, dass Sie geistig auf »Empfang« geschaltet sind, wenn sich eine Gelegenheit für eine Partnerschaft bietet. Wichtig ist, *wie* Sie suchen. Wenn Sie erst einmal den Dreh raushaben, dann kann die Partnersuche zum lebensbereichernden

Ereignis werden, das Spaß macht, das Selbstvertrauen stärkt *und* Ihre Wunschträume wahr werden lässt. Lassen Sie sich also nicht in Ihrem Vorhaben beirren. Sie haben Großes vor – lassen Sie sich nicht von Nörglern und Schwarzsehern den Wind aus den Segeln nehmen.

Gehen Sie Miesmachern aus dem Weg!

Fallbeispiel

Frau Sanders (37) war vor fünf Jahren von ihrem Mann verlassen worden und sie hatte damals zusehen müssen, wie sie ganz allein mit drei Kindern klarkam. Obwohl der Ex-Mann bereitwillig Unterhalt zahlte, beschloss Frau Sanders zwei Jahre nach der Trennung, wieder halbtags in ihren alten Beruf als Sekretärin zurückzukehren. »Das hat mir damals sehr geholfen«, erzählte sie im Seminar. »Ich fühlte mich sehr einsam und niedergeschlagen zu Hause und das bekamen die Kinder natürlich auch mit. Aber das Leben musste ja trotz Scheidung irgendwie weitergehen und da tat es mir gut, wieder unter Menschen zu kommen. Was mir allerdings nach wie vor abgeht, ist die Nähe und Wärme eines anderen Menschen. Ich vermisse das Kuscheln und die Vertrautheit sehr.«

Frau Sanders wusste, dass sie eine neue Beziehung eingehen wollte, war aber von ihrer Familie sehr verunsichert worden. Ihre Eltern seien sehr negativ, erzählte sie den anderen Teilnehmern, und hätten ihr prophezeit, dass für sie jetzt wohl »der Ofen aus« sei, was eine neue Beziehung betreffe: »Wer will denn schon eine Frau mit drei Kindern?« Obwohl Freunde sie ermutigten, schien dieser Ausspruch der Eltern sich bei Frau Sanders so eingeprägt zu haben, dass sie selber Zweifel bekam, ob es sich überhaupt lohne, Anstrengungen in Richtung Partnersuche zu unternehmen.

Manchmal können die Miesmacher die eigenen Eltern sein.

Im Seminar lernte Frau Sanders, sich in ihrer Einstellung klar von der ihrer Eltern abzugrenzen und auf diese Weise auf Positiv umzupolen. Sie schrieb sich bei einem Eheanbahnungsinstitut ein und hatte nach einem Jahr einen neuen Partner gefunden. Ihr neuer Mann war begeistert, dass Frau Sanders Kinder in die Ehe brachte, da er selbst kinderlieb war, aber seine verstorbene Frau keine hatte bekommen können.

Frau Sanders' Vater kommentierte die Hochzeit mit den Worten: »Na, da hast du aber noch mal Glück gehabt!«, worauf seine Tochter erwiderte: »Nein, Vati, mit Glück hat das nichts zu tun, eher mit Ausdauer, Geduld und einer positiven Einstellung.«

Stellen Sie sicher, dass Sie zu den Gewinnern gehören.

Lassen Sie sich genau wie Frau Sanders den Spaß an der Partnersuche nicht durch sauertöpfische Berichte und Ermahnungen verderben. Denken Sie immer daran:

Merksatz

Aufgeben können Sie immer noch, also verschieben Sie es auf morgen.

Um bei der Stange zu bleiben, werden Sie sich ab und zu selber ermutigen und ermuntern müssen, und dabei kann Ihnen die folgende Übung helfen.

Träumen Sie von Ihrem Traumpartner

Übung

Hier geht es darum, Ihre Vorstellungskraft positiv für Ihre Zwecke zu nutzen. Machen Sie zunächst einmal eine kleine Vorübung.

- Machen Sie es sich im Sitzen bequem und schließen Sie die Augen.
- Atmen Sie dreimal tief ein und aus. Beim Einatmen sollte Ihre Bauchdecke sich nach außen wölben; beim Ausatmen ziehen Sie bitte den Bauch ganz bewusst ein, sodass alle Luft aus der Lunge gedrückt wird.
- Jetzt erinnern Sie sich einmal an ein Ereignis oder eine Zeit in Ihrem Leben, als Sie sehr glücklich waren. Schwelgen Sie eine Weile in der angenehmen Erinnerung, als ob Sie diese Erfahrung gerade erst gemacht hätten. Strengen Sie dabei alle Ihre Sinne an, um sich ganz in diese Erinnerung hineinzuversetzen. Was haben Sie damals gesehen, gehört, gerochen und gespürt?
- Achten Sie dabei einmal darauf, wie Ihr Körper reagiert. Vielleicht ziehen sich Ihre Mundwinkel unwillkürlich nach oben, vielleicht verändern sich Atmung

Lassen Sie Ihre Phantasie auf Reisen gehen und malen Sie sich aus, was Sie mit Ihrem Traumpartner unternehmen wollen.

oder Herzschlag, vielleicht fühlen Sie, wie sich die Muskeln entspannen.

- Jetzt machen Sie die Augen wieder auf und notieren sich bitte, welche Körperreaktionen mit der schönen Erinnerung einhergehen.

Lernen Sie Ihre Körperreaktionen kennen.

Unser Körper ist ein ausgezeichnetes Stimmungsbarometer. Wenn es uns gut geht oder selbst wenn wir nur an etwas Erfreuliches denken, reagiert er sofort mit chemischen Veränderungen, die wir als angenehme physische Symptome wahrnehmen können. (Umgekehrt funktioniert das Ganze natürlich auch – ein unangenehmer Gedanke lässt unseren Körper mit Anspannung und einem Gefühl des Unwohlseins reagieren.)

Diese Vorübung brauchen Sie nur einmal zu machen, da sie lediglich dazu dient, Ihre ganz individuellen positiven Körperreaktionen festzustellen, sodass Sie wissen, ob Sie die folgende Hauptübung richtig machen.

Übung

- Setzen Sie sich wieder bequem zurück und schließen Sie die Augen.
- Atmen Sie, wie zuvor, dreimal tief ein und aus.
- Denken Sie wieder kurz an die schöne Erinnerung der Vorübung, bis Sie Ihre positiven Körperreaktionen feststellen können.
- Jetzt stellen Sie sich vor, dass Sie vor einem großen Spiegel stehen, in dem Sie sich so sehen, wie Sie heute angezogen sind.
- Während Sie in den Spiegel blicken, stellen Sie sich vor, wie langsam ein rosa Nebel das Spiegelbild ausfüllt, bis Sie Ihre eigene Person nicht mehr sehen können.
- Holen Sie jetzt tief Luft und steigen Sie durch den Spiegel in den rosa Nebel hinein und lassen Sie sich

vom Nebel in die Zukunft tragen, bis Sie an dem Tag angekommen sind, an dem Sie mit Ihrem Traumpartner den ersten Jahrestag Ihres Kennenlernens feiern.

- Während der rosa Nebel sich lichtet, können Sie alles um sich herum genau sehen und/oder fühlen: die liebevolle Art, mit der Ihr Traumpartner Sie in den Arm nimmt; die zärtlichen Worte, die sie einander zuflüstern; die große Freude, die Sie erfüllt.
- Malen Sie sich aus, was sie an diesem besonderen Tag miteinander unternehmen, wie sie miteinander reden, lachen und kuscheln. Versetzen Sie sich mit allen Ihren Sinnen in diese Situation. Sie werden feststellen, wie sich Ihre positiven Körpergefühle verstärken.
- Jetzt lassen Sie sich wieder vom rosa Nebel umhüllen und ins Hier und Jetzt zurücktragen, bis Sie rückwärts aus dem Spiegel heraustreten.
- Schauen Sie zu, wie der Nebel langsam aus dem Spiegel verschwindet, bis Sie Ihr Spiegelbild wieder sehen können.
- Jetzt nehmen Sie ein Stück Kreide und schreiben quer über den Spiegel die folgenden Worte: »Mein Traumpartner ist schon zu mir unterwegs!«
- Machen Sie die Augen wieder auf und spüren Sie das frohe Lächeln auf Ihren Lippen.

Diese Übung sollten Sie in der ersten Woche jeden Tag einmal machen, damit Sie Motivationsreserven aufbauen können.

Diese Übung hilft gegen Entmutigung und Selbstzweifel!

Danach wiederholen Sie die Übung grundsätzlich immer dann, wenn Sie sich entmutigt fühlen oder wenn Sie das negative Gerede anderer aus der Fassung gebracht hat.

Kurzformeln

- Ich halte durch und mit jedem Tag festigt sich mein Entschluss mehr und mehr, meinen Traumpartner zu finden.
- Ich gehöre zu den Gewinnern im Leben – der Erfolg ist mir sicher.
- Ich lasse mich von nichts und niemandem von meinem Entschluss abhalten, mein Lebensglück zu suchen.

In einem späteren Kapitel (siehe S. 52ff.) finden Sie Vorschläge, wie Sie bei der Partnersuche vorgehen können. Erwarten Sie bitte nicht, dass Sie den richtigen Partner *sofort* finden – keine Methode kann Ihnen das garantieren. *Das heißt aber noch lange nicht, dass der richtige Partner für Sie nicht existiert.* Sie können nur scheitern, wenn Sie entweder gar nicht erst mit der Suche anfangen oder wenn Sie aufgeben.

Merksatz

Es ist nur eine Frage der Zeit, bis Sie Ihren Traumpartner gefunden haben.

Alle Wege führen nach Rom

3.
SCHRITT

Um Ihren Traumpartner zu finden, ist es paradoxerweise wichtig, gut allein zurechtzukommen. Es kann durchaus eine Weile dauern, bis Sie bei der Partnersuche »fündig« geworden sind, und damit Sie sich in dieser Überbrückungszeit auch wohl fühlen, sollten Sie diese Single-Phase nutzen, um all die Dinge zu tun, die Sie schon immer machen wollten. Vielleicht haben Sie ja nicht mehr so viel Zeit, wenn Sie erst wieder bemannt bzw. beweibt sind. Ich möchte Ihnen daher noch einmal, wie schon im Vorwort erwähnt, den Band *Die Kunst, das Alleinsein zu genießen* ans Herz legen, wo Sie Übungen, Tips und Tricks finden, die Ihnen als Single den Rücken stärken und Sie ermutigen, auch allein Schönes zu unternehmen. Wenn Sie sich erst einmal die Fertigkeit angeeignet haben, sich das Leben auf eigene Faust interessant zu gestalten, dann haben Sie gleich zwei Fliegen mit einer Klappe geschlagen: Sie haben nicht nur mehr Spaß im Leben, sondern Sie wirken auch auf andere Menschen attraktiver, einfach weil Ihnen die Zufriedenheit aus allen Knopflöchern strahlt.

Was Sie als Single tun können.

Wundern Sie sich nicht: Ihr Lächeln ist tatsächlich ansteckend!

Helfen Sie dem Zufall nach!

Strahlen Sie gute Laune aus.

Gute Laune steckt an und lädt zum Ansprechen ein. Probieren Sie es gleich heute einmal aus. Lächeln Sie ganz bewusst die Leute in Ihrer nächsten Umgebung an – den Nachbarn, die Kassiererin im Supermarkt, den Pförtner am Eingang, Ihre Sekretärin, die Kollegen, die Bedienung in der Kantine. Sie werden sich wundern, wie positiv sich dieses einfache Mittel auf andere auswirkt. Leute, die normalerweise kaum die Zähne auseinander bringen, lächeln zurück oder sprechen sogar mit Ihnen; Menschen, die sonst eher zurückhaltend sind, tauen bei einem Lächeln und ein paar netten Worten auf. Die Resultate sind wirklich verblüffend.

Merksatz

Lächeln kostet nichts.

Ich habe das selbst einmal erlebt, als ich vor einiger Zeit bei mir im Viertel in ein kleines Restaurant zum Mittagessen ging. Die neue Kellnerin war wohl am Morgen mit dem linken Fuß aufgestanden und ziemlich kurz angebunden: »Also, was wollen Sie?!« Obwohl mir ehrlich gestanden danach war, ihr in dem gleichen barschen Ton zu antworten, beschloss ich, sie anzulächeln und freundlich zu sein. Das Ergebnis war frappierend – sie lächelte zurück und war von da an sehr höflich.

Das Gute am Lächeln ist außerdem, dass es auch Ihre eigene Stimmung hebt. Es ist inzwischen nachgewiesen, dass das Hochziehen der Mundwinkel beim Lächeln einen ganz direkten und positiven Einfluss auf den Körper und das Nervensystem des Menschen hat. Selbst wenn Sie *nur so tun,* als seien Sie froh, stellen sich diese angenehmen körperlichen Reaktionen ein. Sie sehen also, es lohnt sich zu lächeln!

Wer lächelt, tut auch was für seine eigene gute Laune.

Manche Leute haben Angst, sie könnten zu freundlich wirken und dadurch die Aufmerksamkeit unangenehmer Menschen auf sich lenken. Womöglich hängt sich dann jemand an Sie an, der Ihnen sein Herz ausschüttet, und dazu haben Sie vielleicht weder Zeit noch Lust. Oder jemand nutzt Ihre Freundlichkeit aus, um alle fünf Minuten bei Ihnen mit einem Anliegen auf der Matte zu stehen. Das kann natürlich passieren, aber dann können Sie immer noch nein sagen, vorausgesetzt, Sie sind selbstbewusst genug (siehe Übung S. 92ff.). Viel wahrscheinlicher ist es allerdings, dass Sie durch Ihre offene und freundliche Art neue Bekanntschaften schließen, aus denen sich nach einer Weile Freundschaften entwickeln können. Und das wäre doch gar nicht so schlecht, oder?

Es ist sehr wahrscheinlich, dass Sie durch Freundlichkeit und Offenheit neue Freunde finden.

Machen Sie es anderen leicht, mit Ihnen zu sprechen. Die Vorteile überwiegen die Nachteile bei weitem.

Wer die Initiative ergreift, kann oft dem Schicksal einen Schubs in die richtige Richtung geben.

Fallbeispiel

In den ersten Wochen nach dem Brand im Düsseldorfer Flughafen herrschte bei der Abfertigung Chaos. Die meisten Flugschalter mussten von der Haupthalle in andere Gebäude oder sogar in Zelte verlegt werden. Herr Wenzel (40) war auf einen Flug nach London gebucht und hatte sich gerade erkundigt, wie er zum Schalter seiner Fluglinie käme, als er von einer Dame angesprochen wurde, die den gleichen Flugschalter suchte. Herr Wenzel bot ihr an, sich ihm anzuschließen, da er den Weg wusste. Während sie gemeinsam den Bürgersteig entlanggingen, entspann sich ein lebhaftes Gespräch zwischen den beiden und sie entdeckten viele Gemeinsamkeiten. Beide hatten vor kurzem ihre Arbeitsstelle gewechselt und beide flogen nach London, um Freunde zu besuchen.

Manchmal muss man dem Zufall auf die Sprünge helfen.

»Wir waren uns auf Anhieb sympathisch«, erzählte Herr Wenzel später. »Es war, als ob wir uns schon seit Jahren kannten.« Frau Mertens (49) war seit drei Jahren geschieden und Herr Wenzel noch nie verheiratet gewesen, obwohl er mehrere längere Beziehungen gehabt hatte. »Für mich war es Liebe auf den ersten Blick«, berichtete er. »Bei Ingrid dauerte es etwas länger. Sie hatte anfangs Bedenken, weil sie fast zehn Jahre älter ist als ich, aber mich stört das überhaupt nicht. Ingrid ist eine tolle Frau und wir passen wirklich gut zusammen. Ich hätte nie gedacht, dass ich mich über die Unannehmlichkeiten eines Flughafenumbaus so freuen könnte!« Beide blieben nach ihrem Englandaufenthalt in Verbindung und beschlossen nach einem Jahr zu heiraten.

Frau Mertens hatte eigentlich am Flughafen eine Dame nach dem Weg fragen wollen, hatte sich aber im letzten Moment umentschieden und stattdessen Herrn Wenzel angesprochen. »Er sah irgendwie sympathisch aus und da habe ich mir eben ein Herz gefasst – Gott sei Dank!«

Ihren zukünftigen Partner können Sie überall kennen lernen. Es gibt eigentlich keinen Ort, an dem Sie *nicht* jemanden kennen lernen können. Allen Unkenrufen zum Trotz können auch Urlaubsbekanntschaften durchaus zu festen Beziehungen führen, wie das folgende Beispiel beweist.

Es gibt eigentlich keinen Ort, an dem Sie nicht jemanden kennen lernen können.

Fallbeispiel

Sigrid (42) war seit zehn Jahren geschieden und hatte vor zwei Jahren eine Beziehung beendet, die gar nicht gut gelaufen war. »Ich habe daraufhin beschlossen, mein Seelenleben mit Hilfe einer Psychotherapeutin aufzuräumen, weil es bei mir in Beziehungen mit Männern schon immer Probleme gegeben hat. In der Therapie konnte ich vieles klären, was mir später sehr geholfen hat.« Einige Zeit später beschloss Sigrid, einen Erlebnisurlaub in Griechenland zu machen, bei dem sie eine größere Anzahl von Teilnehmern täglich traf und je nach Lust und Laune an verschiedenen künstlerischen oder esoterischen Workshops teilnehmen konnte. In diesem Urlaub lernte sie Chris (48) kennen, mit dem sie während ihres Aufenthaltes einige sehr interessante Gespräche führte. »Ich fand ihn faszinierend«, erzählte sie. »Er ist vielleicht keine Schönheit, aber er hat ein gewisses Etwas, das ich sehr attraktiv finde.«

Nach Abschluss des Urlaubs bot Sigrid Chris an, bei ihr zu übernachten, da sie erst spät in der Nacht zu Hause ankommen würden und Chris fast vierhundert Kilometer vom Ankunftsflughafen entfernt wohnte. Chris nahm die Einladung an und schlief auf Sigrids Wohnzimmersofa.

Auch Urlaubsbekanntschaften können von Dauer sein.

Beide blieben auch weiterhin in Verbindung und besuchten einander trotz der erheblichen Entfernung sehr regelmäßig. Als Chris nach einem Jahr seine Stelle verlor, beschlossen sie, dass es das Beste wäre, wenn Chris in Ingrids Stadt zöge und sie sich gemeinsam eine Wohnung mieteten. Sie kamen sehr gut miteinander aus und sind jetzt schon seit fünf Jahren zusammen.

Es kommt nicht so sehr darauf an, *wo* Sie nach einem Partner suchen, wichtig ist lediglich, *dass* Sie suchen. Schauen Sie sich doch einmal die folgende Liste an, wo manche Menschen schon ihren zukünftigen Partner kennen gelernt haben:

Orte und Gelegenheiten, an denen man sich kennen lernen kann.

- beim Elternsprechabend in der Schule
- auf einem Kongress
- im Abendkurs
- bei einem Verkehrsunfall
- am Flughafen
- im Waschsalon
- auf einer Party
- im Supermarkt
- beim Zahnarzt
- an der Uni
- durch ein Inserat
- im Urlaub

- auf einer Reise
- bei der Arbeit
- im Zeitungsladen
- durch Vermittlung von Freunden
- beim Tennisspielen
- auf einem Karnevalsfest
- an der Bushaltestelle
- im Tanzkurs
- durch ein Eheanbahnungsinstitut
- in einer Ausstellung
- im Zug
- im Spielkasino

Also erzählen Sie mir nicht, dass es heutzutage unmöglich sei, jemanden kennen zu lernen! Eine Freundin von mir hat ihren jetzigen Mann nur deshalb getroffen, weil sie eine Bekannte von einer Feier abgeholt hat. Sie selber mag Partys gar nicht, traf aber am Eingang mit einem der Gäste zusammen, der das Fest gerade verließ, und mit diesem Mann ist sie heute verheiratet!

In diesem Zusammenhang möchte ich allerdings vor einem Fehler warnen. Nur weil Sie einen Partner suchen, sollten Sie nicht wie eine Dampfwalze vorgehen. Sie werden als Mann auf einer Party wenig Erfolg haben, wenn Sie pausenlos auf die Dame einreden, die Sie sich auserkoren haben. Ebenso unangenehm ist auch die Dame, die ihr »Opfer« förmlich an die Wand drängt und ohne Punkt und Komma auf es einschnattert. Das ist nicht charmant, sondern aufdringlich. Nur weil Ihnen jemand gefällt, heißt das noch lange nicht, dass die Sympathie auf Gegenseitigkeit beruht. Also bitte, nicht zu schnell zu intensiv werden! Genau wie auf der Autobahn gilt auch bei der Partnersuche, bitte Abstand halten! Der tolle BMW vor Ihnen sieht Sie im

Suchen heißt nicht mit der Tür ins Haus fallen!

Rückspiegel, auch wenn Sie ihm nicht bis auf die Stoßstange auffahren ...

Systematische Partnersuche

Wenn Sie intensiver und systematischer suchen wollen, dann finden Sie in größeren Städten auch die Möglichkeit, sich einem Singles-Club anzuschließen, wo gemeinsame Unternehmungen angeboten werden, was Kultur, Sport und Ausflüge betrifft. Wenn Sie allerdings kein Gruppentyp sind, dann bieten sich zwei weitere Möglichkeiten an, und zwar persönliche Anzeigen oder ein Eheanbahnungsinstitut bzw. eine Partnervermittlungsstelle.

Persönliche Anzeigen

Er sucht Sie, bin 65/180, ab 48 b. 55 J., dunkelhaarig angenehm, bitte Tel.nr. angeben. Ch 24/551673

Junger selbst. Designer, 42/174, schlank m. Softpower, einfühls. u. tiefsinn. - hat den Schlüssel z. Glück gefunden - sucht die Prinzessin, die mit ihm den Schatz des Lebens findet. Raum Ffm/HG, bitte mit Bild. Ch 24/551676

Liebenswerter Chaot, 37/181, ganz appetitlich, aufgeschlossen, z. allen Schandtaten bereit, sucht feminine Chaotin f. Dauerbeziehung, freue mich auf Deine Bildzuschr., sonst muß ich mir eine backen. Ch 24/551679

Alleine muß ich stark sein, zu zweit ist man stärker. Welche nette, liebev. u. zärtl. Sie (gerne m. Kind), will m. mir (männlich) 34/183/83 kg das Leben meistern, trau Dich, m. Bildzuschr. Ch 24/551689

Junger Mann, 29/178/110 sucht junge Frau für gemeinsame Zukunft. Gerne auch mollig. Nur Mut, traue Dich. Ch 24/551693

Unter der Rubrik »Heiraten und Bekanntschaften« finden Sie in allen Zeitungen mit größerer Auflage eine ansehnliche Anzahl von Anzeigen von Menschen, die wie Sie einen Partner suchen. Wenn Sie selber inserieren möchten, müssen Sie zur Zeit mit ca. DM 100 für eine einspaltige, 20 mm hohe Anzeige rechnen. Wenn Sie knapp bei Kasse sind, dann können Sie selbstverständlich auch einfach nur auf Anzeigen antworten, die Sie interessieren.

Eine persönliche Anzeige kann natürlich Ihre Persönlichkeit nur beschränkt wiedergeben. Wenn Sie sich einen Herren ausgesucht haben, der sich in der Anzeige als »sportlich und kulturell interessiert« bezeichnet, finden Sie vielleicht heraus, dass er damit meint, er verpasse samstags nie die Sportschau und leihe sich auch schon mal in der Stadtbücherei einen Roman aus. Und die Dame, die sich als »Prinzessin, attraktiv und weiblich« angepriesen hat, sieht in Ihren Augen eher wie des Teufels Großmutter aus ...

Gute Fotos sind wichtig!

Da Geschmäcker nun einmal verschieden sind, ist es immer gut, um ein Foto des Kandidaten zu bitten. Wenn Sie die Partnersuche ernst nehmen, sollten Sie ein gutes Bild von sich heraussuchen oder machen lassen. Das muss nun keineswegs aus einem teuren Fotostudio stammen, auch ein guter Schnappschuss von Ihnen aus dem letzten Urlaub ist akzeptabel oder auch ein Bild, das Sie zu Hause in den eigenen vier Wänden zeigt. Hauptsache, das Bild ist neueren Datums. Lassen Sie sich zehn Abzüge machen und bitten Sie in Ihren Zuschriften darum, das Foto mit der Antwort zurückzuschicken.

Mit der Herausgabe der Adresse sollte man vorsichtig sein.

Seien Sie mit der Herausgabe Ihrer Adresse zunächst zurückhaltend. Die meisten Anzeigen laufen über Chiffre, das heißt, die Zuschriften werden an die Zeitung geschickt und von dort an Sie weitergeleitet. So sind Sie erst einmal abgesichert. Wenn Sie sich dann für einen Korrespondenten interessieren und dieses Interesse auf Gegenseitigkeit beruht, dann tauschen Sie als Nächstes Telefonnummern aus. Wenn Sie erst einmal persönlich mit jemandem am Telefon gesprochen haben, können Sie sich auch einen besseren Eindruck von diesem Menschen machen, denn die Stimme, Tonlage und die Art, wie jemand spricht, sagt schon viel über ihn aus. Wenn Sie sich am Telefon gut verstehen, dann bietet es sich an, ein Treffen zu vereinbaren. Seien Sie sich aber klar darüber, dass jemand, der am Telefon ein guter Gesprächspartner ist, nicht unbedingt beim Rendezvous genauso sympathisch wirkt. Manche Menschen sind am Telefon selbstsicherer als bei einem persönlichen Gespräch. Andere wiederum sprechen nur ungerne am Telefon, sind aber bei der persönlichen Begegnung außerordentlich unterhaltsam und nett.

Das erste Zusammentreffen

Treffen Sie sich grundsätzlich auf neutralem Boden. Das kann ein Café sein, eine nette Kneipe oder auch ein Weinlokal. Auf diese Weise können Sie sich besonders als Frau sicher fühlen. Vereinbaren Sie für das erste Mal nur ein kurzes Treffen, maximal eine Stunde. Machen Sie nicht den Fehler, gleich einem Mittag- oder Abendessen zuzustimmen, egal, wie nett die Person am Telefon klingt. Wenn es sich nämlich herausstellt, dass Ihr Gegenüber in Wirklichkeit eine Schlaftablette ist, dann lässt sich eine Stunde besser aushalten als zwei oder drei. Und wenn es beim ersten Treffen gleich funkt, steht ja einem baldigen zweiten Treffen nichts im Wege.

Wenn Sie den Weg der persönlichen Anzeige wählen, dann sollten Sie es mit der Ehrlichkeit und der Höflichkeit immer sehr genau nehmen.

Ehrlichkeit und Höflichkeit sind Sie sich und dem anderen schuldig!

- Schicken Sie kein Foto, das zwanzig Jahre alt ist, weil Sie sich jünger darstellen wollen. Am Ende kommt doch alles heraus.
- Beantworten Sie grundsätzlich jede Zuschrift, die Sie bekommen, auch wenn Sie nicht an der Person interessiert sind. Wenn sich jemand die Mühe gemacht hat, Ihnen zu schreiben, dann verdient er zumindest eine Antwort.
- Seien Sie immer ehrlich, aber nie unhöflich. Wenn Sie jemand nicht interessiert, dann sagen Sie es ihm oder ihr auf nette Weise. Lassen Sie bei Ihrem Gegenüber keine falschen Hoffnungen aufkommen, nur weil Sie sich nicht trauen nein zu sagen.

Ob jemand zu Ihnen passt, lässt sich schon daran messen, ob Sie sich in seiner Gegenwart wohl fühlen.

Ob jemand zu Ihnen passt, lässt sich am besten daran ermessen, wieweit Sie sich in Gegenwart der anderen Person natürlich geben können.

Ob der andere zu einem passt? Vertrauen Sie Ihrem Gefühl!

- Können Sie ungezwungen lachen?
- Haben Sie das Gefühl, offen über alles Mögliche sprechen zu können?
- Lässt Ihr Gegenüber Sie ausreden?
- Würden Sie die andere Person um Rat fragen, wenn Sie ein Problem hätten?
- Ist es leicht, ein Gespräch mit der anderen Person zu führen, oder gibt es viele peinliche Pausen?
- Fühlen Sie sich generell wohl in der Gegenwart Ihres Gesprächspartners?

Verlassen Sie sich hier ganz fest auf Ihr Gefühl.

Merksatz

Wenn sich etwas falsch anfühlt, dann ist es auch falsch für Sie.

Partnersuche per Inserat kann Spaß machen und hat viele Vorteile.

Diese Partnersuche per Inserat macht viel Spaß. Sie können sich nicht vorstellen, wie aufregend es ist, wenn morgens der Briefkastendeckel klappert!

Das Gute an der systematischen Partnersuche ist, dass es eigentlich einen unbegrenzten Vorrat an neuen Menschen gibt, die Sie kennen lernen können, sodass es kein Beinbruch ist, wenn es beim ersten Mal nicht gleich klappt. Überlegen Sie doch einmal, wie es ist, wenn Sie zum Beispiel als Frau nur so privat auf eine Party gehen: Ein Großteil der Männer ist verheiratet oder liiert, ein weiterer Teil interessiert sich nicht für Frauen und die restlichen Männer würden Sie nicht mit der Kneifzange anfassen wollen. Wie viel einfacher ist es doch, gezielt Verbindung aufzunehmen mit Menschen, die ungebunden sind und genau wie Sie einen Partner suchen! Das hat auch den Vorteil, dass Sie offen über Themen wie Heirat und Kinder sprechen können. Bei einer Party-Bekanntschaft wäre es seltsam, wenn Sie sich sofort angelegentlich nach Heiratswünschen erkundigten, während es bei der Partnersuche durch ein Inserat durchaus zulässig ist, diese Fragen von vornherein zu klären.

Eheanbahnungsinstitute und Partnervermittlungen

Wenn Sie das nötige Kleingeld besitzen und an ein seriöses Institut geraten, dann ist dies eine ausgezeichnete Art einen Partner zu finden. Obwohl natürlich, wie in jedem anderen Berufszweig, auch bei der Partnervermittlung schwarze Schafe existieren, gibt es doch eine ganze Menge seriöser Institute, die mit viel Menschenkenntnis und Verständnis die richtigen Menschen zusammenführen.

Leider ist das Ganze nicht billig. Im Gegensatz zu England, wo der Mitgliedsbeitrag für ein ganzes Jahr schon bei DM 400 anfängt, müssen Sie in Deutschland eher mit einigen tausend Mark rechnen, wobei die untere Grenze bei etwa DM 2500 liegt. Die Preise und Konditionen sind natürlich von Institut zu Institut verschieden. Die Computervermittlung, wo lediglich Ihre Daten eingespeichert werden, ist vielleicht zum Teil billiger, aber natürlich nicht so personenbezogen oder so diskret wie eine persönliche Vermittlung. Das soll allerdings nicht heißen, dass Sie nicht auch durch den Computer einen Partner finden können, aber der beste Weg ist immer noch das längere, persönliche Gespräch mit jemandem, der Erfahrung in der Partnervermittlung hat. Nur ein Mensch kann einen anderen Menschen voll erfassen. In dieser Beziehung kann auch der beste Computer nicht mithalten.

Obwohl der Rat seriöser Institute nicht ganz billig ist, spricht vieles dafür, ihn einzuholen.

Wenn Sie den Weg der Partnervermittlung gehen wollen, sollten Sie auf Folgendes achten:

Worauf man bei der Auswahl des Instituts achten sollte.

- Ist das Institut etabliert? Wie lange sind die Inhaber schon in der Branche tätig? Sehen Sie sich die Institutsbroschüre genau an. Oft wird dort auf die jeweilige Berufserfahrung hingewiesen. Wenn nicht, dann fragen Sie.
- Eine seriöse Partnervermittlung kann professionelle Büroräume vorweisen. Lassen Sie sich nicht auf Treffen in Cafés, Hotels oder Gaststätten ein.
- Die teuersten Institute sind nicht unbedingt die besten.
- Wenn Sie arbeitslos sind oder aus anderen Gründen nicht besonders zahlungskräftig, dann erkundigen Sie

sich, ob das Institut Ratenzahlung oder Sonderkonditionen anbietet.

Planen Sie Ihre Vertragszeit genau!

- Die meisten Institute bieten für das entrichtete Honorar einen begrenzten Zeitraum an (oftmals ist das ein halbes Jahr), in dem Sie aktiv vermittelt werden. In diesem Zeitraum können Sie, je nach Institut, eine begrenzte oder unbegrenzte Zahl von Partnervorstellungen erwarten. Bevor Sie sich einschreiben, überlegen Sie also genau, ob Sie auch Zeit genug haben, eine eventuell größere Zahl von Partnern in diesem Zeitraum zu treffen. Wenn Sie einen größeren Urlaub geplant haben, wäre es vielleicht günstig, *nach* dem Urlaub anzufangen.
- Bei vielen Instituten ist es üblich, dass Sie nach Ablauf Ihrer Vertragszeit weiterhin passiv in der Institutskartei bleiben. Das heißt, dass Sie selbst nicht mehr aktiv auswählen, aber trotzdem noch von neuen Mitgliedern ausgewählt werden können.
- Es ist besser, für einen begrenzten Zeitraum zu bezahlen, in dem Ihnen mehrere Partner vorgestellt werden, als pro Partner. Letzteres könnte Sie unter Druck setzen jemanden zu akzeptieren, der nicht wirklich zu Ihnen passt, weil Sie für sie oder ihn »bezahlt« haben. Gerade bei der Partnersuche ist diese Art von Druck nicht wünschenswert.

Ein unverbindliches Einführungsgespräch kostet Sie nichts!

- Klären Sie immer erst alle Formalitäten ab, bevor Sie einen Scheck ausschreiben. Bitten Sie sich lieber Bedenkzeit aus, als später vorschnelles Handeln zu bedauern. Alle guten Institute werden Ihnen ein unverbindliches Einführungsgespräch anbieten.

Eine seriöse Vermittlung bietet Ihnen Diskretion, Erfahrung und Fingerspitzengefühl bei den Partnervorschlägen, und das kann Ihnen wirklich ganz entscheidend bei der Suche helfen. Ich spreche hier aus Erfahrung, da ich selber meinen Lebenspartner durch eine Partnervermittlung kennen gelernt habe, und zwar folgendermaßen:

Fallbeispiel

Ich war damals neununddreißig, seit zwölf Jahren geschieden und seit drei Jahren allein stehend, nachdem eine langjährige Beziehung in die Brüche gegangen war. Ich hatte bis dahin meine Solo-Existenz voll ausgekostet, war viel gereist, hatte meine Praxis ausgebaut und mich beruflich weitergebildet, und alles, was mir jetzt noch fehlte, war der Mann fürs Leben! Ich beschloss also, mich bei einer Partnervermittlung einzuschreiben.

Ich wurde gebeten, eine detaillierte schriftliche Beschreibung meiner Person abzugeben und auch meine Partnerwünsche zu äußern. Nach einigen Tagen hatte ich einen zweiten Termin bei der Agentur. Mir wurde eine Auswahl von Personenbeschreibungen mit Foto zur Durchsicht gegeben und ich konnte mir die Kandidaten aussuchen, die mich interessierten. Ich erhielt Kopien dieser Personalbogen und die von mir ausgesuchten Herren bekamen eine Kopie meines Bogens per Post von der Agentur.

Achten Sie auf den Gleichklang der Einstellungen, Lebensgewohnheiten und Werthaltungen.

Nach positiver Rückmeldung einiger angeschriebener Herren vereinbarte ich dann mit den jeweiligen Kandidaten ein Treffen über die Agentur. Das Ganze war ungemein spannend und aufregend. Einige der ersten zwölf Kandidaten waren für mich aus verschiedenen

Gründen ungeeignet, manche dagegen sehr interessante und nette Menschen, und mit zweien der Herren stehe ich noch immer in freundschaftlichem Kontakt.

Nach einem halben Jahr hatte ich dann sehr viel in der Praxis zu tun, sodass mir keine Zeit blieb zum Institut zu fahren, um weitere Kandidaten auszusuchen. Trotzdem erhielt ich aber weiterhin Zuschriften mit Personalbogen von Herren, die sich für mich interessierten. Da ich wenig Zeit hatte, suchte ich jetzt sorgfältiger aus. Ein Mann, Duncan, gefiel mir vom Fragebogen her besonders gut und wir tauschten über die Agentur Telefonnummern aus. Eine ganze Weile lang versuchten Duncan und ich vergebens einander zu erreichen – immer war einer von uns nicht zu Hause. Nach zwei Wochen beschloss ich schließlich, es noch ein letztes Mal zu versuchen; danach wollte ich aufgeben. Diesmal war er zu Hause!

Geben Sie nicht zu früh auf!

Wir unterhielten uns sehr nett am Telefon und verabredeten uns zu einem kurzen Mittagessen in der Stadt. Wir verstanden uns ausgezeichnet und beschlossen, nach dem Essen noch einen Spaziergang zu machen. Obwohl ursprünglich nur ein kurzes Treffen vereinbart worden war, verbrachten wir den ganzen Nachmittag miteinander. Nach dem Spaziergang ging es noch ins Kino und dann war es schon Spätnachmittag und wir beschlossen, den Tag mit einem Abendessen abzuschließen. Und seitdem sind wir unzertrennlich.

4
SCHRITT

Bestehen Sie auf Qualität!

Wenn man erst einmal ein oder zwei unglückliche Beziehungen hinter sich hat, dann kann man leicht dem irrigen Gedanken verfallen, dass Beziehungen grundsätzlich mit Schwierigkeiten verbunden sind. Man neigt dann gerne zu Verallgemeinerungen, wie zum Beispiel: »Männer sind eben nicht sehr hilfsbereit«, oder: »Frauen haben eben kein Verständnis für die Karriere eines Mannes!« Entsprechend ist dann auch die Erwartungshaltung bei der nächsten Beziehung. Da man meint, dass eine wirklich gute Partnerschaft sowieso nicht existiert, gibt man sich mit jemandem zufrieden, der gleich von Anfang an klare Mängel aufweist.

Warum man manchmal über Mängel hinwegsieht.

Besonders Frauen glauben häufig, dass sie den Mann schon »zurechtbiegen« werden, wenn sie erst einmal länger mit ihm zusammen sind. Leider ist das eine Illusion. Erstens lassen Sie damit von Anfang an unakzeptables Benehmen einreißen und zweitens ist es kaum möglich, jemand anderen grundlegend zu ändern. Ein Mensch ändert sich erst, wenn er es selber will, und selbst dann braucht er dazu fachmännische Hilfe.

Merksatz

Sie können andere Menschen nicht ändern, nur sich selbst.

Wählen Sie Ihren Partner sorgfältig aus!

Es ist darum von größter Wichtigkeit, dass Sie Ihren neuen Partner sorgfältig auswählen und sich selber nichts vormachen. Wenn es schon in den ersten Wochen der Bekanntschaft zu Streit und Unstimmigkeiten kommt oder wenn Sie sich durch das Verhalten Ihres Partners oft verletzt fühlen, dann stimmt etwas nicht. Und wenn sich auch nach einer Aussprache nichts ändert, trennen Sie sich besser wieder. Was in der Flitterwochenphase einer Beziehung schon nicht klappt, kann nur noch schlimmer werden. Wenn sich zwei Menschen gerade kennen gelernt haben, kehren normalerweise beide Partner die besten Seiten hervor. Frisch verliebt ist man verständnisvoll, freundlich, unterhaltsam und rücksichtsvoll. Wer stattdessen gleich von Anfang an unhöflich, unzuverlässig und rücksichtslos ist, sollte bei Ihnen erst gar keine Chance bekommen.

Worauf man achten muß.

Es hat keinen Zweck, den nächstbesten Menschen, der sich für Sie interessiert, als neuen Partner zu akzeptieren, wenn dieser nicht gewisse Grundvoraussetzungen mitbringt. Seien Sie wählerisch, sonst zahlen Sie später einen hohen Preis für Ihre Hast.

Der erste Eindruck

Schon während der ersten zehn Minuten entscheidet sich, ob Ihr Gegenüber für Sie in Frage kommt oder nicht. Prüfen Sie, ob sie beide auf der gleichen Wellenlänge sind oder ob Sie ein ungutes Gefühl beim Zusammensein mit der anderen Person haben. Gibt sich Ihr Partner Mühe, adrett angezogen zum Treffen zu erscheinen? Ist er oder sie gepflegt oder mangelt es in dieser Beziehung eher an Sorgfalt? Meine Damen, lassen Sie hier bitte nicht Ihre mütterlichen Gefühle mit Ihnen durchgehen. Sie finden es vielleicht rührend, dass ihm beim ersten Treffen das Hemd aus der Hose hängt, aber ich verspreche Ihnen, dass diese nachlässige Art Ihnen spätestens nach einem halben Jahr auf die Nerven geht. Denken Sie daran, dass Sie schließlich kein Kind adoptieren wollen, sondern den Mann fürs Leben suchen.

Der erste Eindruck ist entscheidend!

Merksatz

Lassen Sie bitte gerade bei der Partnersuche den gesunden Menschenverstand nicht einschlafen!

Zuverlässigkeit

Ist Ihr Partner darauf bedacht, pünktlich zu Verabredungen zu erscheinen? Wenn nicht, ist er oder sie aus gutem Grund zu spät gekommen? Ein- oder zweimal kann das jedem passieren, aber nicht ständig! Ruft Sie Ihr potentieller Partner nach einem Treffen tatsächlich an oder war es nur ein leeres Versprechen?

Wer in kleinen Dingen unzuverlässig ist, ist es auch dann, wenn's mal darauf ankommt.

Zuverlässigkeit ist wichtig und eine unbedingte Voraussetzung für eine gute Beziehung. Wer sich schon in kleinen Dingen als unzuverlässig erweist, auf den ist bestimmt kein Verlass, wenn es mal im Leben hart auf hart geht. Seien Sie sich klar darüber, dass Sie nach dem

Hauptgewinn im menschlichen Lotto suchen und nicht nach der Zusatzzahl. Wenn Ihr Partner auch nach einer Aussprache keine Bereitschaft zeigt sich zu bessern, dann sollten Sie sich ernsthaft überlegen, ob Sie hier nicht Ihre Zeit verschwenden.

Rücksichtnahme

Auch kleine Rücksichtslosigkeiten stauen sich schnell zu Unzufriedenheit und Streit auf.

Nimmt Ihr Gegenüber auf Ihre Wünsche Rücksicht? Fühlen Sie sich wohl, wenn Sie einen Wunsch äußern? Wenn Sie zum Beispiel bei Ihrem Treffen sagen, dass Sie keinen Alkohol trinken möchten, dann sollten Sie dafür nicht lächerlich gemacht werden oder sich rechtfertigen müssen. Wenn Ihr Partner weiß, dass Sie es als Nichtraucher nicht gerne sehen, wenn bei Ihnen zu Hause geraucht wird, und es trotzdem tut, dann sollten bei Ihnen die Alarmglocken klingeln. Kleinere Rücksichtslosigkeiten mögen unbedeutend erscheinen, wenn die Beziehung noch in den Kinderschuhen steckt, aber nach einer Weile summieren sich auch kleinere Ärgernisse und führen zu Unzufriedenheit und Streit.

Ehrlichkeit

Unehrlichkeit ist eine Charakterschwäche.

Leider lässt sich Ehrlichkeit manchmal nur nach längerer Zeit des Zusammenseins überprüfen. Zu Anfang räumt man einem anderen Menschen meistens Kredit in dieser Hinsicht ein, ganz einfach, weil man ihn noch nicht so gut kennt. Wenn Ihnen allerdings Diskrepanzen auffallen zwischen dem, was Ihnen jemand erzählt, und dem, was in Wirklichkeit vor sich geht, dann sollten Sie diesen Punkt unbedingt ansprechen. Ehrlichkeit hat mit Zuverlässigkeit zu tun, und wenn Sie immer wieder feststellen müssen, dass Aussagen Ihres Partners nicht der Wahrheit entsprechen, hat es wenig Sinn, dem Partner das Schwindeln ausreden zu wollen. Unehrlichkeit sollten Sie auf keinen Fall tolerieren, da es sich hierbei um eine ernsthafte Charakterschwäche handelt. Schwingen Sie sich also nicht zum Hobbypsychologen auf, sondern trennen Sie sich lieber, bevor Sie selbst ernsthaften Schaden nehmen.

Treue

Es ist ganz in Ordnung und auch wünschenswert, wenn Ihr Partner Freunde hat und diese Freundschaften auch pflegt. Worauf Sie sich allerdings nicht einlassen sollten, sind gelegentliche Liebschaften, auch wenn sie nur kurzfristig sind. Wer neben der Beziehung mit Ihnen Affären braucht, ist in der Beziehung mit Ihnen nicht wirklich engagiert. Der Vertrauensbruch, der durch eine Affäre entsteht, kann oft nicht wieder gekittet werden, und das Endresultat ist dann, dass auch Jahre später noch ein gewisses Misstrauen vorhanden ist, ob der andere es vielleicht nicht doch noch einmal macht ...

Affären belasten eine Beziehung auch Jahre später noch.

In diesem Zusammenhang möchte ich auch ganz nachdrücklich davor warnen, eine Beziehung mit jemandem anzufangen, der sich erst kürzlich von einem Partner getrennt hat. Geht eine Beziehung in die Brüche, dann dauert es erst einmal eine ganze Weile, bis man darüber hinweg ist. Oft ist eine Trennung auch

Wählen Sie keinen Partner, der noch nicht über eine frühere Partnerschaft hinweg ist.

noch nach einem Jahr nicht vollständig seelisch »verdaut«. Achten Sie also darauf, wie lange Ihr potentieller neuer Partner schon solo ist. Wenn jemand noch nicht über die vorige Beziehung hinweg ist, kann es passieren, dass er oder sie wieder zum früheren Partner zurückkehrt, und Sie müssen dann die Scherben auflesen. Ersparen Sie sich das!

Fallbeispiel

Corinna (22) hatte sich Hals über Kopf verliebt. Sie hatte Gert (27) auf einer Party bei Freunden kennen gelernt. Sie hatten sich lange gut unterhalten, und obwohl Gert eigentlich mit einer anderen Frau da war, endete der Abend mit einem heimlichen Kuss, den Gert Corinna überraschend aufdrückte, als er sie allein im Flur antraf. Corinna war verwirrt, aber gleichzeitig auch geschmeichelt. Im Gespräch hatte Gert angedeutet, dass nicht alles zum Besten stand mit seiner derzeitigen Freundin. Gert fing damit an, Corinna regelmäßig anzurufen und später auch zu treffen. Er war sehr aufmerksam, machte ihr Komplimente und schickte Blumen und kleine Geschenke. Corinna war hingerissen und schon bald begann eine Affäre zwischen den beiden. Wenn er von den Problemen mit seiner Freundin erzählte, hörte sie geduldig und verständnisvoll zu und nahm sich fest vor, nicht genau die gleichen Fehler wie Gerts Freundin zu machen. Sie wusste, wie sie Gert glücklich machen konnte, wenn sie erst einmal fest zusammen wären ... Gert sprach viel und oft davon, wie unmöglich seine Freundin sei, und versprach, sich bald von ihr zu trennen, und so wartete Corinna geduldig. Aber irgendwie erschien es Gert nie der richtige Zeitpunkt, der Freundin von seinen Auszugsplänen zu erzählen.

Aber bald schon half das Schicksal nach. Die Freundin fand einen Brief von Corinna an Gert und stellte Gert vor die Wahl, entweder sein Verhältnis zu Corinna sofort aufzugeben oder auszuziehen. Corinna hatte gehofft, dass Gert diese Gelegenheit ergreifen würde, sich von der Freundin zu trennen, aber zu ihrer bitteren Enttäuschung beschloss Gert, sein Verhältnis mit ihr zu beenden und reumütig zur Freundin zurückzukehren.

Wie Sie bei Desinteresse richtig reagieren

Wenn Sie auf Partnersuche sind, kann es Ihnen passieren, dass sich jemand in Sie verliebt, für den Sie sich nicht interessieren. Egal, ob Sie auf einer Feier einen unerwünschten Bewunderer haben oder durch eine Partnervermittlung jemanden treffen, der nicht Ihren Vorstellungen entspricht, es ist wichtig, dass Sie auf eine nette, aber auch klare Art ausdrücken können, dass Sie nicht interessiert sind.

Wenn sich jemand in Sie verliebt, für den Sie sich nicht interessieren.

Vielen Menschen ist dies aber peinlich und deshalb sagen Sie lieber gar nichts. »Na ja, er ist doch ganz nett« oder »Besser die als keine« sind keine Argumente, wenn Sie wirklich an einer ernsthaften Beziehung interessiert sind. Außerdem ist es auch Ihrem Bewunderer bzw. Ihrer Bewunderin gegenüber unfair, die Angelegenheit nicht klarzustellen, denn dadurch macht er oder sie sich falsche Hoffnungen, die später zwangsläufig in Enttäuschung enden. Es mag Ihnen zwar unangenehm sein, jemandem sagen zu müssen, dass Sie seine Gefühle nicht erwidern, aber mit ein bisschen Mut und einer Portion Taktgefühl lässt sich das durchaus bewerkstelligen.

Merksatz

Besser ein Ende mit Schrecken als ein Schrecken ohne Ende.

Beispiele

Hier sind ein paar Beispiele, wie Sie jemandem klarmachen können, dass Sie es bei einer oberflächlichen Bekanntschaft belassen möchten.

- Wenn Ihnen ein verheirateter Mann bzw. eine verheiratete Frau zu viel Aufmerksamkeit schenkt:
  Eine indirekte, aber sehr wirksame Methode ist, in einem Gespräch beiläufig zu erwähnen, dass eine Ihrer Freundinnen bzw. einer Ihrer Freunde zur Zeit eine Affäre mit einem verheirateten Mann bzw. einer verheirateten Frau habe. Und dann fügen Sie hinzu: »Das verstehe ich einfach nicht. Für mich käme so was überhaupt nicht in Frage.«

- Wenn Sie von jemandem zu einem weiteren Treffen eingeladen werden, an dem Sie kein Interesse haben:
  (a) »Vielen Dank für die Einladung, aber ich bin für die nächsten Monate ziemlich ausgebucht.« Oder:
  (b) »Leider kann ich mich im Moment nicht festlegen, aber vielleicht treffen wir uns ja einmal bei anderer Gelegenheit wieder.«

Es ist wichtig, dass Sie freundlich, aber entschieden »nein« sagen und sich verabschieden.

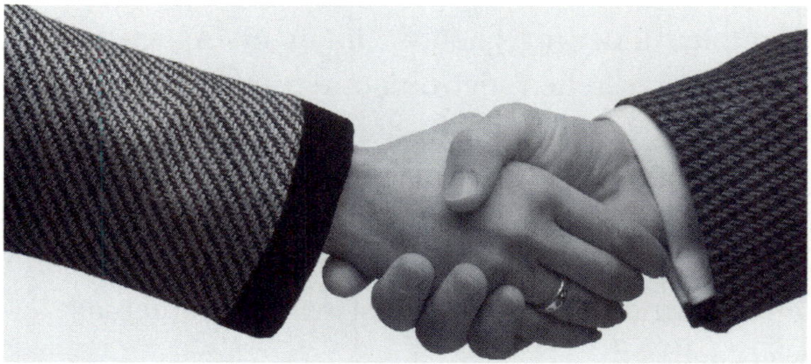

Beide Antworten sind höflich, implizieren aber ein Nein, weil Sie (a) offensichtlich nicht willens sind, in Ihrem Terminkalender einen Freiraum für den Fragenden zu schaffen, oder (b) es Ihnen völlig genügt, es dem Zufall zu überlassen, wann Sie den Fragenden wiedertreffen.

- Wenn Sie durch die Partnervermittlung jemanden kennen gelernt haben, von dem Sie sich nach dem ersten Treffen mit einem Nein verabschieden wollen:
  (a) »Es hat mich gefreut, Sie kennen zu lernen, aber ich bin mir nicht sicher, ob wir tatsächlich hundertprozentig zusammenpassen würden.« Oder:
  (b) »Es hat mich gefreut, Sie kennen zu lernen, und ich wünsche Ihnen viel Glück bei der Partnersuche.« Oder:
  (c) »Vielen Dank für das nette Treffen. Ich habe noch einen Termin mit einem anderen Kandidaten und möchte mich darum jetzt noch nicht festlegen.«

Wie sieht der Partner aus, zu dem Sie »ja« sagen?

Bevor Sie lernen nein zu sagen, sollten Sie aber erst einmal überlegen, zu wem Sie ja sagen würden. Welche Qualitäten muss Ihr neuer Partner besitzen? Was ist Ihnen wichtig? Ziehen Sie bei Ihren Überlegungen ruhig in Erwägung, was Sie aus früheren Beziehungen gelernt haben. Was hat Ihnen an Ihrem früheren Partner gefallen oder missfallen?

In diesem Zusammenhang möchte ich auch noch einmal die Themen Alter und Aussehen ansprechen. Versteifen Sie sich hier nicht zu sehr auf »zwischen dreißig und fünfunddreißig, blaue Augen und blonde Haare«. Denken Sie daran, dass Sie nach dem *richtigen* Partner suchen und nicht nach einem männlichen oder weiblichen Fotomodell. Frauen sind oft flexibler als

Männer, wenn es ums Aussehen geht. Also, meine Herren, ein bisschen mehr Großzügigkeit bitte! Und meine Damen, prägen Sie sich den folgenden Satz gründlich ein:

Merksatz

Wenn ein Mann sich über die Falten einer Frau beschwert, dann muss der Mann weg, nicht die Falten!

Wer sich nur für Alter und Aussehen interessiert, beweist Oberflächlichkeit.

Wer sich nur am Aussehen festhält, beweist Kleingeist. Und was das Alter angeht, sollten Sie sich auch nicht zu sehr festlegen. Es gibt 50-jährige, die wie vierzig aussehen, und umgekehrt. Sie können ruhig nach jemandem Ausschau halten, der bis zu zehn Jahre jünger oder älter ist als Sie. Wenn Sie also fünfundvierzig sind, dann darf der Partner ruhig zwischen fünfunddreißig und fünfundfünfzig sein. Auf diese Weise haben Sie eine optimale Altersbandbreite zur Auswahl.

Partner-Steckbrief

Finden Sie heraus, worauf es Ihnen ankommt und setzen Sie Prioritäten.

Setzen Sie sich mit einer Tasse Kaffee hin und schreiben Sie einmal genau auf, welche zehn Eigenschaften Ihnen an einem neuen Partner wichtig wären. Dann ordnen Sie diese Eigenschaften nach Wichtigkeit von eins bis zehn.

Jetzt sehen Sie Ihre Liste noch einmal durch und überprüfen, wie realistisch Ihre Wünsche sind. Das machen Sie, indem Sie sich bei jedem einzelnen Punkt fragen, ob *Sie selbst* denn auch diese Eigenschaften besit-

Bestehen Sie auf Qualität, aber verlangen Sie von Ihrem Partner nicht mehr, als Sie selbst vorweisen können.

zen. Wenn nicht, sollten Sie bei diesem Punkt an sich selbst arbeiten, denn Sie können von anderen nicht verlangen, was Sie selbst nicht vorweisen können.

Zusätzlich sollten Sie sich auch darüber klar werden, welche anderen Voraussetzungen für Sie wichtig sind.

Ob Sie privat oder über eine Partnervermittlung suchen, diese Liste ist hilfreich.

- Möchten Sie heiraten oder nur zusammenleben?
- Möchten Sie Kinder?
- Käme für Sie ein Partner mit Kindern in Frage? Wenn ja, dürfen die Kinder noch klein sein oder sollten sie lieber schon erwachsen sein?
- Welche Ihrer Interessen sollte Ihr neuer Partner idealerweise mit Ihnen teilen?
- Würde es für Sie eine Rolle spielen, ob Ihr Partner Raucher oder Nichtraucher ist?
- Würde es Sie stören, wenn Ihr Partner schon einmal verheiratet war?
- Was für einen Lebensstil möchten Sie mit Ihrem Partner teilen, ereignisreich oder eher ruhig?
- Welcher Berufsschicht sollte Ihr Partner angehören?

Vervollständigen Sie Ihre Liste, indem Sie sie über einen Zeitraum von zwei Tagen immer wieder durchsehen und eventuell ergänzen. Eine Partnervermittlung würde Ihnen die gleichen Fragen stellen, aber auch, wenn Sie privat suchen, ist diese Liste nützlich.

Merksatz

Wenn man nicht weiß, wo man hinwill, kann man sich zwar nicht verlaufen, aber man kommt auch nie an.

Wer auf Qualität besteht, muss vielleicht länger suchen, hat aber viel größere Chancen, eine bleibende Beziehung mit jemandem aufzubauen, einfach weil er klüger gewählt hat.

Fallbeispiel

Herr Rohrbach (49) war seit fünf Jahren wieder allein, nachdem er sich von seiner Lebensgefährtin getrennt hatte. Die Beziehung mit Susanne war eigentlich nie gut gewesen und dementsprechend auch im Streit auseinander gegangen. Herr Rohrbach hatte sich nach seiner Scheidung zu schnell und voreilig wieder gebunden. »Ich war damals in meinem Trennungsschmerz nicht allzu wählerisch, und die Tatsache, dass ich so schnell nach der Scheidung wieder eine Freundin hatte, war Balsam für mein angeknackstes Selbstwertgefühl. Als ich dann schließlich merkte, dass diese neue Beziehung eigentlich gar nicht das war, was ich wollte, fühlte ich mich schon so verstrickt, dass ich nicht mehr schnell rauskam. Außerdem wollte ich mir auch selber beweisen, dass ich imstande war, eine erfolgreiche Beziehung mit einer Frau zu haben, aber das stellte sich als unmöglich heraus. Susanne war einfach nicht die Richtige.«

Herr Rohrbach schaffte es schließlich, sich von der Freundin zu trennen, und er schwor, sich erst dann wieder zu binden, wenn er die richtige Frau gefunden hätte. Nach zwei schlechten Erfahrungen war er ein gebranntes Kind, aber dafür wusste er jetzt wenigstens, worauf es ihm bei einer Lebensgefährtin ankam.

Fünf Jahre nach der Trennung von Susanne musste er ins Krankenhaus, weil er sich einen komplizierten Beinbruch zugezogen hatte. Er teilte das Zimmer mit einem anderen Mann, der ebenfalls Junggeselle war und während des Krankenhausaufenthaltes mehrmals von seiner Schwester besucht wurde.

Wer genau weiß, was er sucht, hat größere Chancen auf eine glückliche und dauerhafte Beziehung.

Zwischen Herrn Rohrbach und der Besucherin funkte es dann auch sehr schnell und heute sind beide schon seit einigen Jahren ein Paar und »glücklich und zufrieden«, wie mir Herr Rohrbach versichert.

Kurzformeln

- Ich wünsche mir eine gute Beziehung und bestehe darum auf menschliche Qualität.
- Ich habe ein Anrecht auf den bestmöglichen Partner und gebe mich nicht mit weniger zufrieden.
- Es kommt mir darauf an, richtig und gut zu wählen, und darum lasse ich mir Zeit.

5. SCHRITT Wie Sie bindungsscheue Menschen erkennen und vermeiden

Nichts ist vernichtender, als sich Hals über Kopf zu verlieben, nur um ein halbes Jahr später festzustellen, dass der Partner beginnt sich mit Ausreden aus der Beziehung zurückzuziehen, sobald Anzeichen sichtbar werden, dass Sie Pläne für eine gemeinsame Zukunft schmieden.

Der bindungsscheue Mensch sucht seelische Nähe.

Obwohl die Mehrzahl der bindungsscheuen Männer sind, gibt es durchaus auch Frauen, die diesen Zug aufweisen. Das typische Merkmal hierbei ist, dass diese Menschen seelische Nähe suchen, aber gleichzeitig auch fürchten. Sie brauchen eine enge Beziehung mit einem Partner, um sich bestätigt zu fühlen, haben aber dann paradoxerweise sofort Angst, dass diese Beziehung sie erdrücken könnte. Bindungsscheue sind emotionale Kurzstreckenläufer, die die Aufregung des Verliebtseins mögen, sich aber auf keine wirklich feste Bindung einlassen wollen.

Bindungsscheue Menschen sind fast immer außerordentlich talentiert, wenn es darum geht, die Beziehung erst einmal anzukurbeln. Sie sind offen, zärtlich, aufmerksam, sprechen frei über ihre Gefühle und hören Ihnen aufmerksam zu, wenn Sie etwas sagen. Sobald Sie allerdings diese Person Ihren Eltern oder Freunden vorstellen wollen, kommen die ersten Ausreden. Der Bindungsscheue hat auf einmal viel im Büro zu tun, muss sich dringend auf eine Geschäftsreise vorbereiten oder sagt im letzten Moment ab, nachdem er anfangs noch zugesagt hatte. Genauso widerstrebt es dem Bindungsscheuen auch, Sie seinen Freunden vorzustellen, denn das hieße ja, dass die Beziehung mit Ihnen offiziell wäre, und das kann er auf keinen Fall zulassen, denn dann wäre er ja festgelegt!

Bindungsscheue Menschen sind alles andere als kontaktscheu.

Der Bindungsscheue gibt Ihnen ständig widersprüchliche Signale: »Komm her – geh weg! Verlass mich nicht – komm mir nicht zu nahe!« Davon abgesehen, dass dieses Hin und Her ausgesprochen ermüdend und frustrierend ist, bringt es auch oft eine unerklärliche Verwirrung mit sich. So mancher unglückselige Partner eines Bindungsscheuen vergeudet Wochen und Monate damit, es dem Bindungsscheuen recht zu machen. Man hat auf einmal Zweifel, ob man vielleicht zu besitzergreifend ist und den Partner damit kopfscheu macht. Vielleicht braucht er oder sie einfach etwas mehr Zeit, sich mit dem Gedanken anzufreunden, dass man ihn oder sie der Familie vorstellen will? »Ich dachte anfangs, dass ich zu viel zu schnell von ihm wollte«, berichtete eine meiner Klientinnen. »Aber selbst jetzt, nach zwei Jahren, weigert er sich immer noch, meine Eltern kennen zu lernen, und langsam habe ich den Eindruck, dass das nicht an mir liegt, sondern dass er selber ein Problem hat.«

Bindungsscheue sind in ihren Signalen widersprüchlich.

Wir erkennen Bindungsscheue oft deshalb erst so spät, weil wir in den ersten Wochen und Monaten einer

Warum wir bindungsscheue Menschen häufig so schwer erkennen.

Beziehung durch unsere Verliebtheit alles durch eine rosarote Brille sehen. Wir sind so beglückt, dass wir endlich jemanden gefunden haben, der uns versteht und der problemlos über seine eigenen Gefühle sprechen kann, dass wir dazu tendieren, etwaige Warnsignale zu ignorieren.

Merkmale, die Bindungsscheue verraten

Woran man den Bindungsscheuen erkennt.

Wenn mehrere der folgenden Merkmale in den ersten paar Wochen einer Beziehung auftreten, dann sollte Sie das stutzig machen.

- Er sagt Ihnen von vornherein, dass er sich nicht binden will.
  Glauben Sie bitte nicht, dass Sie das ändern können.
- Er sagt Ihnen, dass er seine engen Kontakte zu Ex-Freundinnen nicht aufgeben will, nur weil er jetzt mit Ihnen zusammen ist.
  In einer wirklich guten Beziehung sind Ex-Freundinnen auch wirklich »ex«.
- Sie finden heraus, dass er in der Vergangenheit immer nur kurze Beziehungen gehabt hat.
  Aller Wahrscheinlichkeit nach werden Sie demnächst auch zu den »Abgelegten« gehören.
- Er erwartet, dass Sie sich in allem nach ihm richten, wohingegen er nie Anstalten macht, für Sie Kompromisse einzugehen.
  Eine gute Beziehung kann keine Einbahnstraße sein, wenn es um Kompromisse geht.
- Sie haben einen wunderschönen Tag miteinander verbracht, hören aber dann lange nichts mehr von ihm, obwohl er am nächsten Tag anrufen wollte.

Der schöne Tag bedeutet Ihnen offenbar mehr als ihm – kein gutes Zeichen!

- Er sagt immer wieder Verabredungen ab oder verschiebt sie auf einen anderen Termin.
  Sie sind ihm offensichtlich nicht wichtig genug, um Termine einzuhalten.
- Er vergisst Verabredungen und gibt es hinterher auch lachend zu.
  Diese Haltung ist völlig inakzeptabel und zeugt von einer Missachtung der Gefühle anderer.
- Er verspricht Dinge zu tun, hält aber seine Versprechen meistens nicht.
  Wer schon in den ersten Wochen unzuverlässig ist, meint es nicht ernst mit Ihnen.
- Romantische Treffen wechseln ab mit Treffen, in denen er Sie durch Verhalten oder Worte kränkt.
  Diese kalten und heißen Wechselduschen haben nichts Gutes zu bedeuten.
- Er weigert sich, Sie seinen Freunden vorzustellen.
  Etwas stimmt mit der Beziehung nicht, wenn sie geheim gehalten werden muss. Sie sollten sich fragen, ob Ihr Kavalier vielleicht noch anderweitig liiert ist.
- Er gibt Ihnen zu verstehen, dass es Ihre Schuld ist, wenn er nicht mehr Zeit mit Ihnen verbringen will.
  Lassen Sie sich nicht zum Sündenbock machen, nur weil er bindungsunfähig ist.
- Passiert es immer öfter, dass Sie sich in der Beziehung gekränkt und zurückgesetzt fühlen?
  Spätestens jetzt sollten sämtliche Warnlichter bei Ihnen angehen. Wenn es schon am Anfang bergab geht, endet das Ganze bald in Tränen.

In einer Beziehung zu einem Bindungsscheuen können Sie sich nicht wohl fühlen!

Lassen Sie es nicht zu, dass Ihnen Ihre Illusionen den Blick auf die Realität versperren.

Merksatz

Sie können Ihr Traumschloss nicht auf einer Müllhalde aufbauen.

Die richtige Konsequenz: Trennung

Qualität!

Denken Sie immer daran, dass Sie auf *Qualität* aus sind. Wenn Sie also herausgefunden haben, dass Ihr Angebeteter sich einfach nicht festlegen will, dann gibt es leider nur eines: Schluss machen, so schwer es auch fällt. Dabei sollten Sie aufpassen, dass Sie folgende Fehler vermeiden:

1. Ziehen Sie die Trennung nicht unnütz hinaus.
Wenn Sie erst einmal festgestellt haben, dass Sie es mit einem bindungsscheuen Menschen zu tun haben, dann machen Sie *so schnell wie möglich* Schluss. Warten Sie nicht auf eine wundersame Wandlung, denn die wird sich nicht einstellen. Sie haben jetzt die Wahl zwischen zwei gleichermaßen schmerzhaften Alternativen: Entweder Sie lassen sich weiterhin ausnutzen oder Sie machen dem sinnlosen Hin und Her endgültig ein Ende. Beides tut weh, aber das Schlussmachen hat wenigstens den Vorteil, dass Sie eher zu Ihrem wahren Traumpartner kommen.

Seien Sie darauf gefasst, dass Sie eventuell auf Widerstand stoßen, wenn Sie Ihren Trennungswunsch ankündigen. Der Bindungsscheue kann es oft nicht ertragen, wenn er den Laufpass bekommt, und er wird alles versuchen Sie davon abzubringen, nur um Ihnen dann kurze Zeit später anzukündigen, dass die Be-

ziehung mit Ihnen doch nicht das Wahre für ihn sei. Bevor Sie sich so an der Nase herumführen lassen, machen Sie lieber selbst Schluss, denn dann bleibt wenigstens Ihre Würde noch einigermaßen intakt.

Es kann Ihnen allerdings auch passieren, dass Ihr Trennungswunsch mehr oder weniger widerspruchslos hingenommen wird. Diese lauwarme Reaktion bestätigt aber nur, dass es schon längst höchste Zeit war, getrennte Wege zu gehen.

Fassen Sie sich ein Herz und sagen Sie ihm, dass die Beziehung für Sie vorbei ist. Das können Sie ihm persönlich mitteilen, am Telefon oder per Brief. Bitten Sie ihn auch ausdrücklich, Sie nicht mehr anzurufen oder einzuladen.

Zögern Sie die Trennung von einem bindungsscheuen Menschen nicht hinaus. Auch wenn es wehtut, macht es Sie frei, nach dem richtigen Partner zu suchen.

2. Lassen Sie sich nicht auf Diskussionen ein.
Vergessen Sie bitte nicht, dass der Bindungsscheue gewöhnlich äußerst wortgewandt ist und Sie problemlos in eine intensive Diskussion verwickeln kann, in der er die Dinge so dreht, dass Sie selber am Ende als unzulänglich oder minderwertig dastehen. Bindungsscheue Menschen haben große Erfahrung darin, sich zu rechtfertigen. Sie stellen ihr eigenes Verhalten als rational dar und werden alles tun, um Ihnen zu beweisen, dass sie sich binden wollen, das aber nicht können, weil Ihre Unzulänglichkeiten das Gelingen einer festen Beziehung in Frage stellen. Ich manchen Fällen geht das so weit, dass Ihnen sogar empfohlen wird, sich in psychotherapeutische Behandlung zu begeben, da mit Ihnen etwas nicht stimmt!

Die Diskussion mit einem Bindungsscheuen können Sie nur verlieren.

Versprechen Sie sich nichts von Diskussionen, denn sie führen zu nichts. In Wirklichkeit geben Sie damit dem Bindungsscheuen nur noch weiter Gelegenheit, seine Handlungsweise und Einstellung zu rechtfertigen. Es hat keinen Sinn, Bindungsscheuen einreden zu wollen, dass sie zu oberflächlich sind und das Leben zu zweit mehr zu bieten hat als die anfängliche Verliebtheit.

Egal, wie verlockend es Ihnen erscheint, auf eine Bemerkung von ihm zu antworten, tun Sie es nicht.

Sie: »Es tut mir Leid, aber mit uns beiden läuft es einfach nicht. Ich habe lange überlegt und ich bin zu dem Schluss gekommen, dass wir uns besser trennen.«

Er: »Wieso bist du denn heute so zickig? Du bist in letzter Zeit immer so schlecht gelaunt ...«

Was Sie darauf sagen *möchten:*
«Das ist ja wohl auch kein Wunder, nachdem du mich in einer Woche zweimal versetzt hast!«

Was Sie darauf sagen *sollten:*
«Das mag sein, aber die Tatsache bleibt, dass ich mich von dir trennen will, und deshalb möchte ich dich bitten, mich nicht mehr anzurufen.«

Die Trennung von einem Bindungsscheuen verlangt Konsequenz und Härte gegen sich selbst.

Das mag hart sein, ist aber die einzige Möglichkeit, halbwegs intakt aus der Beziehung herauszukommen. Vermeiden Sie jedwede Diskussion und halten Sie sich eisern daran, ihn nicht anzurufen und auch seine Anrufe nicht entgegenzunehmen. Lernen Sie aus dieser Erfahrung, damit Ihnen das Gleiche nicht ein zweites Mal passiert.

3. Verschwenden Sie Ihre Zeit nicht damit, den Bindungsscheuen verstehen zu wollen.

Den Bindungsscheuen können und werden Sie nicht ändern!

Im Prinzip spielt es für Sie keine Rolle, *warum* Ihr Partner bindungsunfähig ist, denn selbst wenn Sie den Grund wüssten, könnten Sie trotzdem nichts daran ändern. Langweilen Sie also bitte Ihre Freunde nicht mit endlosen Telefongesprächen darüber, warum er Sie gestern nicht angerufen hat, wieso er sich zurückzuziehen scheint oder was genau er mit einer Bemerkung letzte Woche gemeint hat. Achten Sie stattdessen lieber darauf, was in Ihnen selbst gefühlsmäßig vorgeht, und überlegen Sie, was Sie jetzt unternehmen wollen, um sich aus dieser untragbaren Beziehung zu lösen. Entziehen Sie dem Bindungsscheuen die Gelegenheit, seine Unarten an Ihnen auszulassen, indem Sie ihn stehen lassen – zum Traumpartner hat er nämlich leider nicht das Zeug. Wenn mehr Menschen dem Bindungsscheuen schon nach kurzer Zeit den Laufpass gäben, dann müsste er sich wohl oder übel eines Tages mit seinem Problem befassen.

Fallbeispiel

Frau Schöngarten (33) arbeitete schon seit vielen Jahren als Lehrerin an einem Gymnasium, als ein neuer Kollege an ihre Schule versetzt wurde. Im Kollegium waren alle einer Meinung: Frau Schöngarten und Herr Färber (27) stellten das ideale Paar dar! Beide waren allein stehend, beide interessante Leute, und Frau Schöngarten war eine attraktive Frau. Und tatsächlich entwickelte sich schon bald eine Beziehung zwischen den beiden. Schon beim dritten Treffen gestand Herr Färber Frau Schöngarten seine Liebe. Sein Standardsatz lautete: »Du bist die Liebe meines Lebens und ich bin der glücklichste Mann der Welt!«

Frau Schöngarten war selig. Es schien, als ob ihr der ideale Partner auf dem Tablett serviert worden sei. Man traf sich ab und zu diskret nach der Arbeit, aber während der Schulzeit hatten beide viel zu tun. Klassenarbeiten mussten korrigiert und Stunden vorbereitet werden, sodass sich nicht oft Gelegenheit bot, einen ganzen Tag oder ein Wochenende miteinander zu verbringen. »Dafür hatte ich natürlich Verständnis«, erzählte Frau Schöngarten, »ich war ja schließlich in der gleichen Situation. Die paar Male, die wir uns während der Schulzeit trafen, waren allerdings phantastisch. Ich habe mich in meinem Leben noch nie so gut unterhalten oder mich so verstanden gefühlt wie von Markus.« Außerdem tröstete sich Frau Schöngarten damit, dass ja bald Sommerferien wären und dass man sich dann öfter sehen könnte.

Doch kurz vor den Sommerferien änderten sich die Dinge. Obwohl Herr Färber ihr nach wie vor versicherte, wie wichtig sie ihm sei, machte er dennoch Urlaubspläne, die Frau Schöngarten nicht mit einbezogen. »Es wurde mir sehr schnell klar, dass Markus nicht die Absicht hatte, auch nur eine einzige Woche seiner Freizeit mit mir zu verbringen. Ich war schockiert, weil diese Einstellung so gar nicht zu seinen Liebesschwüren passte.«

Frau Schöngarten beschloss, diese Angelegenheit in einem Gespräch zu klären. Herr Färber schien erstaunt über ihre Enttäuschung und erklärte, sie sähe die ganze Sache »zu eng«. Seiner Meinung nach würde eine Beziehung sehr schnell langweilig, wenn man zu viel Zeit miteinander verbrächte, und darum hielte er es für besser, sich nur ab und zu zu treffen: »Das hat ja auch bis jetzt sehr gut geklappt, oder?«

Zunächst machte Frau Schöngarten gute Miene zum bösen Spiel. Sie beschloss abzuwarten, wie sie sich fühl-

te, wenn Herr Färber erst einmal aus dem Urlaub zurück war. Nach seiner Rückkehr rief er sie auch wie verabredet an und sie verbrachten ein sehr schönes Wochenende zu zweit, während dem Herr Färber begeistert über all die interessanten Leute erzählte, die er im Urlaub getroffen hatte. Die meisten dieser Urlaubsbekanntschaften schienen Frauen zu sein, wie Frau Schöngarten feststellte. Gleichzeitig versicherte er ihr aber, wie sehr er sie liebe, verschwand dann allerdings schon nach zwei Tagen zu einem Segelkurs ans Meer. »Ich kam mit dieser Situation einfach nicht zurecht. Einerseits war es toll, wenn er da war, aber andererseits traf er sich immer nur dann mit mir, wenn er gerade Lust dazu hatte«, erzählte Frau Schöngarten.

Es ist kaum zu ertragen, wenn man mit ansehen muss, wie schnell sich der bindungsunwillige Mensch tröstet.

Schließlich beschloss sie, sich einer guten Freundin anzuvertrauen, und bei dem Gespräch wurde ihr klar, dass diese unverbindliche Beziehung sie nie glücklich machen würde. Als Herr Färber zurückkam, trennte sie sich schweren Herzens von ihm. »Das Schlimmste ist, dass ich ihn jeden Tag in der Schule sehe. Das macht mir die Trennung doppelt schwer, besonders, weil er jetzt angefangen hat mit einer Kollegin zu flirten.«

6 SCHRITT

Fördern Sie Ihr Selbstbewusstsein

Wenn Sie auf Partnersuche sind, dann ist gutes Selbstbewusstsein unerlässlich, denn nur wer selbstbewusst ist, kann warten, bis der *richtige* Partner (statt lediglich der *nächste)* da ist. Nur wer selbstbewusst ist, kann »nein« sagen, wenn er an einen bindungsscheuen oder sonst wie unpassenden Menschen gerät. Doch nicht allen von uns ist das Selbstvertrauen in die Wiege gelegt worden, und selbst die Menschen, die als Kinder selbstsicher waren, können später durch widrige Lebensumstände verunsichert werden. Einige Kindheitserlebnisse können den Menschen noch Jahre später beeinflussen, manchmal sogar bis zum Ende seines Lebens. Hier sind einige Beispiele für Ursachen, die einem Mangel an Selbstvertrauen zugrunde liegen können.

Ursachen für mangelndes Selbstbewusstsein

Selbstbewusstsein kann verloren gehen in der Kindheit,
- wenn man von den Eltern oft ignoriert wird.
- wenn man von einem Elternteil oft kritisiert wird.
- wenn man in der Schule von anderen Kindern ständig gehänselt wird.

- wenn man von einem Lehrer vor der ganzen Klasse gedemütigt wird.
- wenn man aus irgendeinem Grund von anderen Kindern oder den eigenen Geschwistern als Außenseiter angesehen wird.
- wenn man ein körperliches Merkmal hat, dessen man sich schämt, wie zum Beispiel ein Muttermal, Pickel, Narben, dünnen Haarwuchs usw.
- wenn man oft geschlagen oder auf andere Weise hart bestraft wird.
- wenn man in einer Notsituation keine Hilfe erfährt.
- wenn man bei einer wichtigen Prüfung durchfällt und dafür zu Hause heruntergemacht wird.
- wenn man im Gegensatz zum Rest der Familie in akademischer oder sportlicher Hinsicht nicht gut ist.

Nicht jedem von uns ist ein gesundes Selbstvertrauen in die Wiege gelegt worden. Aber ein unterentwickeltes Selbstbewusstsein kann man fördern!

Selbstbewusstsein kann auch später im Leben verloren gehen,

- wenn man zu lange bei einer Arbeitsstelle mit schlechtem Betriebsklima bleibt.
- wenn man mit jemandem zusammenlebt, der einen häufig kritisiert oder abschätzig behandelt.
- wenn man einen Fehler gemacht hat, den man sich selbst nicht verzeihen kann.
- wenn man seine Arbeitsstelle verloren hat.
- wenn man lange krank war.

- wenn man zu Hause oder bei der Arbeit ständig zum Sündenbock gemacht wird.
- zum Beispiel nach einer Scheidung oder dem Tod des Ehepartners.

Selbstbewusstsein als Folge von Persönlichkeitstyp und Lebensumständen.

Natürlich spielt der Persönlichkeitstyp hierbei auch eine Rolle. Wer einen eher forschen Charakter hat, lässt sich von der Arbeitslosigkeit nicht so schnell entmutigen, während ein eher ängstlicher Typ in der gleichen Situation vielleicht fast zerbricht. Aus diesem Grund kann es auch sein, dass Kinder, die in der gleichen Familie aufgewachsen sind, ganz unterschiedlich auf, zum Beispiel, einen jähzornigen Vater reagieren. Alle Kinder haben vor dem Vater Angst, aber das eine zieht sich zurück, das andere gibt dem Vater Kontra und das dritte Kind versucht zwischen den Parteien zu vermitteln. Es sind also immer zwei Komponenten im Spiel – einerseits die Lebensumstände und andererseits die Persönlichkeit des Einzelnen.

Wie ist es um Ihr Selbstbewusstsein bestellt?

Test

Im nachfolgenden Test finden Sie zwanzig Aussagen. Überprüfen Sie einmal, mit welchen Aussagen Sie sich identifizieren können und bewerten Sie Ihre Antworten dann folgendermaßen:

- Wenn Sie *fast immer* so denken, geben Sie sich 2 Punkte.
- Wenn Sie nur *manchmal* so denken, geben Sie sich 1 Punkt.
- Wenn Sie *nie* so denken, geben Sie sich 0 Punkte.

Sie können die jeweilige Punktzahl im Kästchen am Ende jeder Aussage eintragen.

Und jetzt bitte nicht schummeln: Machen Sie *erst* den Test und schauen Sie *dann* in der Auswertung nach Ihrem Ergebnis!

Mein Motto lautet: Wer nicht wagt, der nicht gewinnt. ☐

Ich lasse mich in meiner Handlungsweise nicht davon beeinflussen, was andere von mir denken. ☐

Ich bin mir sicher, dass es zu jedem Problem eine Lösung gibt, auch wenn ich diese Lösung im Moment noch nicht sehen kann. ☐

Wenn mir etwas nicht passt, dann spreche ich die Angelegenheit so schnell wie möglich an, um sie aus der Welt zu schaffen. ☐

Ich habe keine Angst davor, einen fehlerhaften Artikel ins Geschäft zurückzubringen und um Ersatz oder Rückerstattung des Geldes zu bitten. ☐

Ich habe mein Leben unter Kontrolle. ☐

Ich kann meine Gefühle zeigen, ohne dass mir das peinlich wäre. ☐

Es fällt mir leicht, mit neuen Menschen ins Gespräch zu kommen. ☐

Ich halte mich für einen Menschen, der letztendlich meistens Glück hat. ☐

Ich bin im Großen und Ganzen optimistisch. ☐

Ich finde das Leben lebenswert. ☐

Man sollte die Verantwortung nicht auf andere abschieben, denn letztendlich trägt man doch immer selber die Verantwortung. ☐

Andere hören auf meine Meinung. ☐

Ich habe einige gute Freunde, die viel von mir halten. ☐

Ich fühle mich wohl in meiner eigenen Gesellschaft und kann mich gut allein beschäftigen. ☐

Ich finde es nicht weiter schlimm, wenn man Fehler macht, solange man aus ihnen lernt. ☐

Es macht mir Spaß, Neues zu lernen, auch wenn ich es noch nicht sofort gut kann. ☐

Ich habe meistens gute Laune. ☐

Wenn ich mir überlege, was ich in den letzten paar Jahren beruflich oder persönlich erreicht habe, dann bin ich eigentlich ganz zufrieden mit mir. ☐

Es bricht mir kein Zacken aus der Krone, wenn ich jemanden um Hilfe bitte, wenn ich manchmal etwas nicht allein kann. ☐

Zählen Sie jetzt Ihre Punkte zusammen: ______ Punkte

Punkteauswertung

Ergebnis

0 – 15 Punkte: Ihr Selbstbewusstsein ist stark angeschlagen und Sie werden aller Wahrscheinlichkeit nach etwas fachmännische Hilfe brauchen, um es in Gang zu bringen. Im Anhang gibt es eine Kontaktadresse, über die Sie einen guten Psychotherapeuten finden können, der Ihnen helfen kann. Lassen Sie sich nicht unterkriegen!

16 – 25 Punkte: Ihr Selbstbewusstsein steht zwar auf etwas wackeligen Beinen, wenn Sie unter 20 Punkten liegen, aber mit ein bisschen Übung und Geduld wird es schon werden. Sie machen einiges ja offensichtlich schon richtig und müssen jetzt nur noch etwas mehr üben. Widmen Sie Ihre Aufmerksamkeit den nachfolgenden Übungen auf Seite 92ff. und Sie werden bald Fortschritte erkennen können.

26 – 40 Punkte: Sie haben Ihr Leben gut (bis zu 34 Punkte) oder sogar sehr gut (ab 35 Punkte) im Griff. Sie haben eine vorwiegend positive Lebenshaltung und kommen auch mit kniffligen Situationen gut klar. Machen Sie weiter so!

Worauf es ankommt.

Wie Sie an den Aussagen des Tests sehen konnten, braucht man als selbstsichere Person durchaus nicht immer alles zu wissen oder zu können. Wichtig ist lediglich, dass man nicht gleich aufgibt, wenn etwas nicht sofort klappt.

Wenn es bei Ihnen an Selbstvertrauen hapert, dann benutzen Sie eine oder alle der folgenden Formeln im Anschluss an Ihre Entspannungsübung:

Kurzformeln

- Jeder darf mal etwas falsch machen – ich auch!
- Wenn mir etwas nicht ganz klar ist darf ich ruhig fragen.
- Es ist völlig in Ordnung, andere um Hilfe zu bitten.
- Ich lerne Neues gern und darf mir ruhig Zeit beim Lernen lassen.
- Perfektion ist für Hektiker, gelassenes Lernen für Lebenskünstler.

Die Formeln möglichst häufig wiederholen!

Sagen Sie sich die Formel(n) immer wieder im Geiste vor. Eine ideale Gelegenheit dafür besteht immer dann, wenn Sie irgendwo warten müssen oder wenn Sie gerade aus anderem Grund Leerlauf haben. Je öfter Sie die jeweilige Formel wiederholen, desto besser prägt sie sich unterbewusst ein. Und wenn alle Stricke reißen, dann lassen Sie sich eben von einem Psychotherapeuten weiterhelfen, so wie die Dame in unserem nächsten Beispiel.

Fallbeispiel

Frau Maininger (35) kam zu mir in psychotherapeutische Behandlung, weil sie Schwierigkeiten mit ihrer Einstellung zu Männern hatte. Es war ihr schon mehrmals passiert, dass sich ein Mann von ihr getrennt hatte, weil sie sich, wie sie selber sagte, »unmöglich benommen« hätte. Zu Anfang jeder Beziehung lief alles gut. Frau Maininger war im siebten Himmel und einer glücklichen Zukunft schien nichts im Wege zu stehen. »Aber nach ein paar Monaten ändert sich etwas in mir. Ich bin auf einmal wie ausgewechselt. Ich bin dann dauernd schlecht gelaunt, misstrauisch und sehr eifersüchtig. Ich

schäme mich es zuzugeben, aber ich gehe dann die Jackentaschen meines Freundes durch, um Beweise zu finden, dass er mir untreu ist. Ich kann es eben einfach nicht glauben, dass jemand mich wirklich mag und bei mir bleiben will.«

Frau Maininger hatte große Probleme mit ihrem Selbstvertrauen. Sie war ein Einzelkind, das nach dem frühen Tod des Vaters von der Mutter und einer Tante großgezogen worden war. »Beide Frauen waren sehr ängstliche Naturen, und deshalb wurde ich ständig in Watte gepackt. Ich durfte nichts alleine machen, und sowohl meine Mutter als auch meine Tante warnten mich davor, mich mit Jungen einzulassen. Gerade meine Tante, die nie verheiratet gewesen war, verteufelte die Männer immer wieder, besonders wenn sich ein Junge in der Schule für mich interessierte.«

Ständiges Misstrauen und Eifersucht in der Partnerschaft können eine Ausdrucksform mangelnden Selbstbewusstseins sein.

Der jahrelange negative Einfluss der Tante hatte sich dann auch schließlich bei Frau Maininger unterbewusst festgesetzt. Obwohl sie selbst eigentlich nie schlechte Erfahrungen mit Männern gemacht hatte, ließ sie ihre negative Einstellung doch immer wieder das Schlimmste erwarten. Und letztendlich behielt sie auch immer Recht: Sie wurde von den Männern verlassen, aber nicht weil eine andere Frau im Spiel war, sondern weil die Männer sich die grundlosen Beschuldigungen nicht mehr gefallen lassen wollten.

Mangelndes Selbstbewusstsein kann tief im Unterbewusstsein verankert sein.

In den Sitzungen bei mir arbeitete ich mit Frau Maininger die Ursachen für ihre negative Einstellung sich selber und Männern gegenüber durch, sodass sie wieder neuen Mut schöpfen konnte. Ihr Selbstbewusstsein stieg allmählich und sie ist inzwischen schon seit zwei Jahren glücklich mit einem sehr netten Mann verheiratet.

Sie können aber auch eine ganze Menge selbst erreichen, wenn Sie Ihr Selbstbewusstsein auf Vordermann bringen wollen. Dabei helfen die folgenden Übungen.

Kopfübung 1
Eine neue Perspektive

Lassen Sie Fehlschläge in Gedanken kleiner werden.

Wir halten oft an alten Misserfolgen fest, indem wir sie uns geistig immer wieder vor Augen führen. Das ist nicht nur eine traurige Zeitverschwendung, sondern zudem auf Dauer entmutigend, weil wir uns durch unsere negativen Gedanken selber schachmatt setzen. Nur weil Sie etwas in der Vergangenheit falsch gemacht haben, heißt das noch lange nicht, dass Sie es auch in Zukunft nicht besser machen werden. Nur weil Sie einmal versagt haben, sind Sie noch längst kein Versager. Schließlich bezeichnen Sie auch jemanden nicht als Krüppel, nur weil er sich den Arm gebrochen hat, oder?

Suchen Sie sich also jetzt einmal die Erinnerung an einen Misserfolg heraus, der Ihnen noch immer zu schaffen macht. Das kann eine verpatzte Prüfung sein, ein Fehler, den Sie neulich bei der Arbeit gemacht haben, oder eine Peinlichkeit, die Ihnen einmal im Beisein anderer passiert ist.

- Setzen Sie sich in Ihrem Stuhl zurück und schließen Sie die Augen.
- Atmen Sie dreimal tief ein und aus.
- Erleben Sie im Geist Ihren Misserfolg noch einmal in allen Einzelheiten, von Anfang bis Ende.
- Wie fühlen Sie sich dabei? Wahrscheinlich ziemlich unwohl.
- Jetzt stellen Sie sich vor, Sie könnten die gleiche Erinnerung als Außenstehender auf einem Bildschirm sehen. Lassen Sie den ganzen Film Ihrer Erinnerung vor sich ablaufen, aber seien Sie diesmal nicht im Film, sondern nur ein außen stehender Zuschauer.
  Wie fühlen Sie sich, während Sie von außen zuschauen? Vielleicht nicht mehr ganz so unwohl.
- Jetzt machen Sie den Erinnerungsfilm auf dem Bildschirm kleiner, sodass nur noch der halbe Bildschirm ausgefüllt ist. Achten Sie wieder darauf, wie Sie sich fühlen, während Sie als Außenstehender den kleineren Film anschauen.
  Sie sollten jetzt schon ein neutraleres Gefühl haben.
- Jetzt machen Sie den Film so klein auf dem Bildschirm, dass Sie kaum noch erkennen können, was passiert.
  Wie fühlen Sie sich jetzt beim Betrachten des Films? Wahrscheinlich ziemlich gleichgültig.

Gewinnen Sie einen neutralen Standpunkt, indem Sie Ihren Misserfolg wie einen Kinofilm erleben.

Führen Sie jetzt gleich einmal die Übung, wie oben beschrieben, mit einer alten Misserfolgserinnerung durch, bis Sie das angenehme gleichgültige Gefühl erreicht haben. Wiederholen Sie die Übung jedes Mal,

Unterbrechen Sie alte Denkweisen und negative Gewohnheiten.

wenn Sie sich beim Grübeln über dem alten Fehler erwischen. Versetzen Sie die Erinnerung auf Ihren inneren Bildschirm und machen Sie sie kleiner, bis Sie Ihr Gefühl neutralisiert haben. Durch die kategorische Anwendung dieser Technik unterbrechen Sie die alte Denk- und Fühlgewohnheit, und damit verschaffen Sie sich letztendlich eine ruhigere Gemütslage.

Um Ihr Selbstvertrauen zu stärken, gilt es aber nicht nur, vergangenen Ereignissen den Stachel zu ziehen, sondern auch, eine optimistische Einstellung für zukünftige ähnliche Situationen aufzubauen. Das können Sie mit der nächsten Übung erreichen.

Kopfübung 2
Der zukünftige Erfolg

Wenn Sie eine niedrige Punktzahl beim Test auf Seite 86ff. hatten, dann schauen Sie sich die einzelnen Aussagen des Tests bitte noch einmal an. Wo hapert es bei Ihnen denn besonders? Suchen Sie sich eine Situation heraus, die Ihnen zur Zeit noch Schwierigkeiten bereitet. Sagen wir zum Beispiel, es fällt Ihnen schwer, mit neuen Leuten ins Gespräch zu kommen.

Stellen Sie sich vor, Sie seien offen und selbstbewusst.

- Setzen Sie sich bequem zurück und schließen Sie die Augen.
- Atmen Sie dreimal tief ein und aus.
- Stellen Sie sich vor, Sie hätten sich über Nacht in einen selbstbewussten Menschen verwandelt.
- Lassen Sie Ihre Gedanken in die Zukunft schweifen und stellen Sie sich vor, wie es wäre, wenn Ihnen jetzt neue Leute begegneten. Malen Sie sich Ihren Erfolg

Stellen Sie sich vor, wie Sie freundlich und aufgeschlossen auf fremde Menschen zugehen und erfolgreich mit ihnen ins Gespräch kommen.

in allen Einzelheiten aus. In unserem Beispiel sähen Sie sich also freudestrahlend auf neue Menschen zugehen, Sie mit Handschlag herzlich begrüßen, ein paar nette Worte oder eine Frage an sie richten und Sie würden sich ganz und gar wohl dabei fühlen.

Jede Wiederholung der Übung hilft dabei, Ihre Vorstellung Wirklichkeit werden zu lassen.

Wiederholen Sie diese Übung immer wieder, sooft es geht. Wenn Sie die Übung richtig machen, werden Sie ein angenehmes Gefühl dabei haben. Aber selbst wenn Sie kein positives Gefühl durch Ihre Vorstellungskraft erzeugen können, sollten Sie trotzdem mit der Übung weitermachen. Mit jeder Wiederholung verhelfen Sie sich selbst dazu, die geistige Vorstellung zur Wirklichkeit werden zu lassen. Ihr Unterbewusstsein kann nämlich nicht unterscheiden, ob Sie etwas in Wirklichkeit vollbracht haben oder nur in Ihrer Vorstellung. Sobald Sie sich gedanklich als erfolgreich in einer Situation sehen können, werden Sie auch bald Fortschritte in der wirklichen Situation erleben. Bis dahin dürfen Sie ruhig eine Weile lang so tun, *als ob* Sie Ihr Ziel schon erreicht hätten und tatsächlich selbstbe-

Testen Sie Ihre Fortschritte.

wusst wären. Allein Ihre Vorstellungskraft bringt Sie Ihrem Ziel schon näher.

Sie sollten auch immer wieder testen, wieweit Sie schon Fortschritte gemacht haben. Viele Leute geben auf, weil Sie nicht auf positive Veränderungen achten und daher meinen, nie ans Ziel zu kommen.

Fallbeispiel

Herr Schröder (52) war von Hause aus schüchtern und tat sich immer schwer, wenn es darum ging, in Gesellschaft anderer einen Beitrag zur Konversation zu leisten. Er war meistens sehr still und sagte gar nichts, es sei denn, er wurde direkt von jemandem angesprochen. Selbst wenn er die Leute mochte, konnte er es einfach nicht über sich bringen, mehr als eine einsilbige Antwort zu geben. Er war sich dieses Mangels durchaus bewusst und beschloss daher, mit Hilfe der zweiten Kopfübung an diesem Problem zu arbeiten. Nachdem ich ihm die Übung erklärt hatte und wir sie einmal

Registrieren Sie jeden kleinen Fortschritt, wie Sie aus der Schüchternheit herauskommen. Das macht Mut, weitere Schritte zu wagen!

probeweise in der Sitzung durchgegangen waren, übte Herr Schröder zu Hause weiter.

Als er zur nächsten Sitzung wiederkam, fragte ich ihn, wie es ihm denn bei der Firmenfeier vor einigen Tagen ergangen sei. »Es hat sich nichts geändert«, meinte er betrübt. »Ich bin noch immer so schüchtern wie voher, obwohl ich die Übung jeden Tag gemacht habe.« Ich bat ihn daraufhin, mir ganz genau zu berichten, was denn bei der Firmenfeier passiert sei. Es stellte sich heraus, dass Herr Schröder sehr wohl Fortschritte gemacht hatte. Er hatte Fragen meistens mit mehreren Sätzen beantwortet und sich mit einem Kollegen sogar ganze fünf Minuten unterhalten!

Nachdem ich ihn auf diese neuen Fertigkeiten aufmerksam gemacht hatte, war Herr Schröder hocherfreut. »Ich dache, es gilt nur, wenn ich alle Leute selber anspreche«, erklärte er.

Auf neue Menschen zugehen lernen.

Jeder kleine Schritt vorwärts zählt, denn viele kleine Schritte ergeben schließlich einen großen. Freuen Sie sich also ruhig auch an kleinen positiven Veränderungen, denn sie kündigen Ihnen an, dass Sie bereits auf dem Weg zu Ihrem Ziel sind.

Hier sind noch ein paar Tips, die Ihnen das Kennenlernen neuer Menschen erleichtern werden:

Tip 1

Wenn Sie sich für zu schüchtern halten, jemanden auf einer Party anzusprechen, dann denken Sie daran, dass es für die andere Person *schmeichelhaft* ist, angesprochen zu werden. Überlegen Sie doch einmal, wie Sie sich freuen, wenn *Sie* angesprochen werden! Man hat das Gefühl, dass sich jemand für einen interessiert, und das tut gut. Geben Sie sich also innerlich einen kleinen Schubs und tun Sie anderen den Gefallen, sie anzusprechen.

Tip 2

Machen Sie sich keine allzu großen Gedanken darüber, was Sie zur Gesprächseinleitung sagen sollen. Es darf ruhig etwas ganz Einfaches sein, wie etwa: »Woher kennen Sie die Gastgeber?« Glauben Sie nicht, dass Sie unbedingt etwas Hochgeistiges oder Witziges sagen müssen, um bei Ihrem Gegenüber anzukommen. Sie werden merken, dass die meisten Leute noch schüchterner sind als Sie und deswegen dankbar, wenn jemand anderer die Initiative zur Gesprächseröffnung ergreift, egal mit welchen Worten.

Tip 3

Wenn Sie Ihrem Gegenüber nur einsilbige Antworten entlocken können oder Sie aus einem anderen Grund die Unterhaltung beenden möchten, dann entschuldigen Sie sich ganz einfach, indem Sie sagen, dass Sie gerade eine Bekannte im Raum entdeckt haben, die Sie schon ewig nicht mehr gesehen haben. Oder fragen Sie ganz einfach, wo im Haus die Toilette ist ...

Tip 4

Wenn Sie es anderen leichter machen wollen, Sie anzusprechen, dann tragen Sie etwas Ungewöhnliches. Das kann zum Beispiel ausgefallener Modeschmuck sein, ein T-Shirt oder ein Anstecker mit einer Aufschrift eines Klubs oder einer Vereinigung, bei der Sie Mitglied sind, ein kleines Stofftier, das Sie an der Handtasche festmachen oder ein anderes ungewöhnliches Kleidungsaccessoire. Je ausgefallener die Idee, desto eher werden Sie von anderen Menschen darauf angesprochen.

Tip 5

Lächeln Sie viel und schauen Sie anderen in die Augen. Auf diese Weise signalisieren Sie, dass Sie offen, entspannt und gesprächsbereit sind. Am meisten werden Menschen angesprochen, die einen unbefangenen und freundlichen Eindruck machen. Das funktioniert

Menschen, die einen unbefangenen und freundlichen Eindruck machen, werden am meisten angesprochen.

sogar dann, wenn Sie nur *so tun,* als ob Sie unbefangen und entspannt wären!

Tip 6

Natürlich ist die Partnersuche eine ernste Sache, aber seien Sie deshalb trotzdem niemals bierernst. Verrennen Sie sich nicht in Ihre selbstgestellte Aufgabe, denn sonst macht es Ihnen schon bald keinen Spaß mehr und Sie geben vorzeitig auf. Sehen Sie das Ganze mit etwas Humor und lachen Sie auch ruhig mal über sich selbst, denn dann entspannen Sie sich ganz automatisch und machen sich die Suche nach Ihrem Traumpartner angenehmer.

Humor hilft auch bei der Partnersuche.

7 SCHRITT

Beharrlichkeit zahlt sich aus

Wie wichtig ist es Ihnen wirklich, Ihren idealen Partner zu finden? Von der Antwort auf diese Frage wird es abhängen, wie beharrlich Sie Ihr Ziel verfolgen. Sie kennen das Gefühl sicher schon von früheren Erfahrungen: Man will etwas unbedingt erreichen und lässt nicht locker, bis man es geschafft hat. Sie haben sich vielleicht einen neuen Computer gekauft und müssen lernen, wie man ihn bedient. Das ist nicht leicht, aber Sie wollen es unbedingt lernen, und Sie setzen sich immer wieder hin, bis Sie das neue System beherrschen. Oder Sie wollen bis zum Urlaub ein paar Pfund abnehmen, und da geht es dann eben auch mal ohne die Sahnetorte oder den Nachschlag beim Abendessen. Des Menschen Wille ist sein Himmelreich und da kann man auf einmal wirklich Berge versetzen.

Weil man nicht weiß, wann sich der Erfolg einstellt, läßt man sich gern verunsichern.

Was die meisten Menschen verunsichert, ist, dass ihnen natürlich niemand voraussagen kann, *wann* sie den richtigen Partner finden werden. Wenn uns nur jemand verbindlich versichern könnte, dass wir in zwei Jahren wieder liiert sind, dann könnten wir es uns in der Zwischenzeit gut gehen lassen, weil ein Ende des

Alleinseins abzusehen wäre. Da es aber leider keinen derartigen Vorhersagedienst gibt, heißt es beharrlich weiter Ausschau halten.

Beharrlich heißt hier aber nicht verbissen. Bleiben Sie locker, während Sie nach einem Partner suchen. Je mehr Spaß Sie im Leben haben, desto anziehender werden Sie für Ihre Mitmenschen. Bevor Sie in eine glückliche Beziehung mit einem anderen Menschen eintreten, ist es unerlässlich, dass Sie sich das Leben auch allein schön machen können. Nichts ist abschreckender als ein Single, der sich anderen aus lauter Verzweiflung förmlich aufdrängt. Seien Sie freundlich, seien Sie aufmerksam und geben Sie jemandem auf nette, aber unaufdringliche Weise zu verstehen, dass Sie ihn oder sie gerne wiedersehen würden. Wenn Sie auf der gleichen Wellenlänge mit Ihrem Gegenüber sind, wird das völlig ausreichen, und wenn nicht, dann haben Sie sich nichts vergeben. Den Holzhammer können Sie also ruhig zu Hause lassen!

Machen Sie sich das Leben auch alleine schön. Nichts ist abschreckender als ein frustrierter Single, der sich aus Verzweiflung aufdrängt.

Beharrlich sein heißt, sich draußen in der Welt sehen lassen. Dazu gehört Selbstvertrauen. Vielen Menschen fällt es schwer, allein wegzugehen oder in den Urlaub zu fahren. Wie Sie diese Hürden überwinden können, zeigt Ihnen mein vorheriger Band *Die Kunst, das Alleinsein zu genießen.* Lesen Sie ihn bitte und lernen Sie, was es darin zu lernen gibt, denn wenn Sie nicht aus dem Haus gehen, weiß auch keiner, dass es Sie gibt. Außerdem macht das Leben einfach mehr Freude, wenn man etwas unternimmt. Und gerade dann, wenn man sich so schön ans Alleinsein gewöhnt hat und die Freiheiten

Gehen Sie aus dem Haus und unternehmen Sie etwas.

und Vorteile des Singledaseins so richtig genießen kann, taucht der neue Partner oft auf ...

Sinn der beharrlichen Suche ist es nicht, Tag und Nacht die Nachbarschaft nach potentiellem Ehepartnermaterial durchzukämmen, sondern vielmehr, die Hoffnung nicht aufzugeben. Die einzige Art, wie Sie bestimmt niemals an den richtigen Partner geraten, ist, wenn Sie entweder nie anfangen zu suchen oder wenn Sie damit aufhören. Solange Sie suchen, werden Sie auch finden; es ist lediglich eine Frage der Zeit.

Merksatz

Der richtige Partner kommt bestimmt.

Während der Partnersuche kann es durchaus sein, dass Ihnen eine Reihe von Menschen begegnen, die sich zwar auch binden wollen, die aber nicht zu Ihnen passen. Dann sagen Sie sich eben: »Knapp vorbei ist auch daneben«, und *suchen Sie weiter.* Natürlich kann es frustrierend sein, wenn es wieder nicht der oder die Richtige war, aber davon brauchen Sie sich nicht entmutigen zu lassen. Seien Sie froh, rechtzeitig erkannt zu haben, dass sie beide nicht zusammenpassen, und legen Sie die Begegnung unter Lebenserfahrung ab, sodass Sie unbeschwert auf die nächste zugehen können.

Auch wenn Sie sich zwischendurch auf anderes konzentrieren, ist das positiv!

Zwischendurch gibt es auch selbstverständlich immer wieder Leerlaufphasen, während deren Sie vielleicht bei der Arbeit viel zu tun haben oder aus anderen Gründen Ihr Sozialleben etwas einschränken müssen. Das ist aber kein Beinbruch, sondern kann im Gegenteil ab und zu ganz nützlich sein. Auf diese Weise bleibt Ihnen Zeit, Ihre Karriere auszubauen oder sich auf Ihre eigenen Belange zu konzentrieren, sodass Sie sich später wieder

mit neuem Schwung in soziale Aktivitäten stürzen können.

Sie brauchen sich aber jetzt nicht sofort Ihrem örtlichen Kegelverein anzuschließen, es sei denn, es macht Ihnen Spaß. Nicht jeder ist ein Party-Tier und deshalb brauchen Sie sich auch nicht dazu zu zwingen, wenn es Ihnen nicht liegt. Dennoch könnte es Ihnen wahrscheinlich Spaß machen, sich einer Gruppe von Leuten anzuschließen, die mit Ihnen ein Interessengebiet teilen. Auf diese Weise können Sie nicht nur einem Hobby frönen, sondern auch nach einem Partner Ausschau halten. Eine Dame aus meiner Bekanntschaft, die besonders wagemutig ist, meldete sich beim Fallschirmspringen an, weil, wie Sie mir anvertraute, »da fast nur Männer teilnehmen« und Sie sich größere Chancen ausmalte, den Mann fürs Leben zu finden. Das Fallschirmspringen war zwar nichts für sie, den Mann ihres Lebens hat sie allerdings tatsächlich dort gefunden! Also, meine Herren, jetzt nichts wie ab in den Kochkurs an der Volkshochschule, denn der ist erfahrungsgemäß voller Frauen!

Gerade wenn man sich an die schönen Seiten des Alleinseins gewöhnt hat, taucht häufig der Traumpartner auf.

Wenn Sie besonders ungeduldig sind, dann sollten Sie vielleicht doch das Sparschwein schlachten und eine persönliche Anzeige aufgeben oder sich bei einem professionellen Eheanbahnungsinstitut anmelden. Das mag zwar nicht die billigste Art der Partnersuche sein, gibt Ihnen aber eine maximale Anzahl von potentiellen Ehekandidaten in der kürzesten Zeit.

Was ist das Geheimnis der erfolgreichen Partnersuche?

Das Geheimnis der erfolgreichen Partnersuche liegt in einer Mischung aus Selbstvertrauen, festem Glauben an ein Happy End, Ausdauer und Einsatzbereitschaft. Wenn Sie an jedem dieser Punkte arbeiten, dann kann gar nichts mehr schief gehen.

Fallbeispiel

Björn (30) kannte Larissa (28) schon seit vielen Jahren. Sie kamen beide aus der gleichen kleinen Stadt, in der sie auch immer noch wohnten. Björn hatte Larissa schon immer sehr gemocht, aber seit einem halben Jahr hatte er sich wirklich in sie verliebt. Bei der ganzen Sache gab es nur einen Haken: Larissa war mit einem anderen Mann befreundet. Aus diesem Grund hatte Björn Larissa auch nichts von seinen Gefühlen für sie erzählt, denn er wollte sie nicht von ihrer derzeitigen Beziehung abbringen oder sie unter seelischen Druck setzen. Er sagte sich, wenn diese Beziehung voherbestimmt war, würde sie auch letztendlich zustande kommen, und aus dieser Geisteshaltung heraus konnte er es sich erlauben abzuwarten.

Bleiben Sie am Ball, Beharrlichkeit zahlt sich im Leben aus!

Nach einiger Zeit begann Larissas Beziehung zu bröckeln. Der Freund erwies sich als unzuverlässig und unfähig seine Gefühle auszudrücken, und bald schon war es mit der Beziehung vorbei. Larissa kam mit ihrem Trennungsschmerz zu Björn, der sich aber nach wie vor klugerweise zurückhielt. Er tröstete Larissa, indem er ihr die Gelegenheit gab, sich auszusprechen, und indem er ihr Mut zusprach. In den acht Monaten nach Larissas Trennung von ihrem Freund blieb Björn in

regelmäßigem Kontakt zu ihr. Er lud Larissa immer wieder ins Kino ein, zum Essen oder auch manchmal zu einem Ausflug. »Ich wollte ihr zeigen, dass ich immer für sie da war«, berichtete Björn. »Gleichzeitig wollte ich sie aber zu nichts drängen. Wenn sie nicht selber sehen konnte, wie gut wir zusammenpassten, dann hatte es auch keinen Zweck, wenn ich es ihr sagte.«

Auch Abwarten kann sinnvoll sein, wenn man sich seiner Sache sicher ist und sein Ziel nicht aus den Augen verliert.

Björn wartete geduldig, und schließlich zahlte sich seine Beharrlichkeit aus. Larissa musste nach einem Verkehrsunfall ins Krankenhaus, wo Björn sie jeden Tag besuchte. »Auf einmal gingen mir die Augen auf, was ich an Björn hatte«, erzählte Larissa später. »Er war das genaue Gegenteil meines früheren Freundes – zuverlässig und offen und darüber hinaus noch ein interessanter Mann.«

Larissa und Björn sind heute verheiratet und haben zwei Kinder.

Bleiben Sie am Ball, auch wenn sich die Suche nach dem richtigen Partner hinzieht. Sie wissen ja, wie das ist, wenn Sie Ihren Autoschlüssel suchen: Egal, wo Sie anfangen zu suchen, er ist immer dort, wo Sie *zuletzt* nachsehen ...

Fragen und Antworten

In meiner täglichen Arbeit als Psychotherapeutin treffe ich oft Menschen, die über Beziehungsprobleme klagen oder nicht damit fertig werden, dass sie immer wieder die gleichen Fehler bei der Partnersuche machen. Oft ist es mangelndes Selbstvertrauen, das diese Probleme hervorruft, sodass wir erst einmal die Ursache für diesen Mangel an Selbstwertgefühl erarbeiten müssen, bevor sich etwas ändern kann.

Ich bekomme auch oft Zuschriften von Lesern, die Fragen zur Partnersuche und zur Partnerschaft haben, und da häufig die gleichen Probleme angesprochen werden, möchte ich die meistgenannten Themen hier einmal, zusammen mit meinen Antworten, wiedergeben.

Frage

»Alle anderen haben einen Partner, nur ich nicht. Was mache ich bloß falsch?«

Glauben Sie mir bitte: Sie unterliegen einer optischen Täuschung. Wenn Sie genau hinsehen, werden Sie merken, dass nicht jeder Ihrer Bekannten und Verwandten in einer Beziehung ist. Nur weil Sie solo sind, richten Sie Ihre ganze Aufmerksamkeit auf Paare. Die anderen Singles »zählen« nicht – Sie registrieren sie einfach nicht.

Außerdem gehen Sie von der irrigen Annahme aus, dass, nur weil andere zu zweit sind, sie deswegen auch automatisch glücklich sind. Das ist aber keineswegs der Fall. Wenn Sie die Gedanken anderer lesen könnten, würden Sie vielleicht erstaunt feststellen, dass Sie manchmal um Ihre Unabhängigkeit beneidet werden!

Falsch gemacht haben Sie also nichts, es sei denn, Sie verstecken sich zu Hause hinter dem Ofen und halten nie die Nase vor die Tür. Wenn Sie dagegen gute Sozialkontakte pflegen, dann ist es wirklich nur eine Frage der Zeit, bis Sie jemanden finden, der zu Ihnen passt.

Frage

»Wenn ich meinen Partner über ein Eheanbahnungsinstitut suche, wie schnell kann ich dann mit Erfolg rechnen?«

Kein seriöses Eheanbahnungsinstitut wird Ihnen Erfolg garantieren oder Ihnen eine Voraussage machen können, beim wievielten Partnervorschlag es klappt. Bei etwa 10 bis 15 % der Kandidaten funkt es gleich beim ersten Partnervorschlag, aber oft müssen Sie etwas mehr Geduld aufbringen. Die Partnervermittlung verlangt nicht nur gute Menschenkenntnis von Seiten des Vermittlungspersonals, sondern auch etwas Durchhaltevermögen Ihrerseits. Es schreiben sich ja ständig neue Kandidaten bei der Agentur ein, sodass Ihnen immer wieder neue Partnervorschläge gemacht werden können. Und wenn es erst beim zwanzigsten Partner klappt, dann macht das doch auch nichts, solange es der oder die Richtige ist, oder?

Frage

»Ich gehe gern und viel aus, aber irgendwie lasse ich mich immer wieder von dem falschen Typ einwickeln. Was kann ich da machen?«

Wenn Ihre Qualitätskontrolle versagt, hapert es mit Ihrem Selbstvertrauen!

Vielleicht sind Sie einfach etwas zu empfänglich für schöne Worte oder gutes Aussehen oder Sie haben es zu eilig mit dem Ja-Sagen. Wenn sich jemand wirklich für Sie interessiert, dann braucht er Sie auch nicht zu Dingen zu drängen, zu denen Sie noch nicht bereit sind. Wenn Sie es allerdings selber nicht abwarten können, von jemandem angesprochen zu werden, sollten Sie einmal genauer hinsehen, wie es denn um Ihr Selbstbewusstsein bestellt ist.

Wer Torschlusspanik hat, bei dem ist das Gehirn auf Durchzug gestellt, wenn es um Qualitätskontrolle geht. In diesem Fall sollten Sie erst einmal an der Verbesserung Ihres Selbstvertrauens arbeiten, bevor Sie mit der Partnersuche weitermachen.

Frage

»Ich glaube, ich habe den Mann fürs Leben gefunden, aber er will nichts von mir wissen. Wie kann ich ihn umstimmen?«

Es tut mir Leid, Sie enttäuschen zu müssen, aber umstimmen können Sie leider niemanden. Liebe lässt sich nicht erzwingen, und wenn die Chemie nicht stimmt, dann spielt es auch keine Rolle, wie viel Mühe Sie sich geben – das Desinteresse eines anderen können Sie nicht beheben. Insofern ist der Mann auch nicht wirklich der Mann Ihres Lebens, denn der Mann Ihres Lebens ist genau so interessiert an Ihnen wie Sie an ihm. Machen Sie sich von der Illusion frei, dass Sie ihn umstimmen können. Rufen Sie ihn nicht mehr an, hören Sie auf ihn zu Verabredungen überreden zu wollen und ziehen Sie sich würdevoll zurück. Das ist zwar am Anfang hart, aber es ist der schnellste Weg, über eine einseitige Liebe hinwegzukommen.

Frage

»Ich habe eine Bekannte, für die ich mich sehr interessiere. Sie ist genau wie ich ohne Anhang, aber ich bin zu schüchtern, ihr meine Gefühle zu gestehen. Wie kann ich diese Hürde überwinden?«

Der Grund, warum die meisten Menschen mit ihren Gefühlen hinter dem Berg halten, ist, dass sie Angst haben, abgelehnt zu werden. Natürlich ist das eine berechtigte Sorge, und darum sollten Sie sich genau überlegen, wie Sie es anfangen, Ihr Interesse zu bekunden.

Am besten gehen Sie sehr langsam und vorsichtig vor. Da Sie glücklicherweise von Natur aus zurückhaltend sind, werden Sie ganz automatisch den klassischen Fehler vermeiden, den manche Menschen machen, nämlich mit der Tür ins Haus zu fallen. Stattdessen laden Sie Ihre Herzensdame zu einem unverfänglichen Kino- oder Theaterbesuch ein. Wenn Sie Ihr sagen: »Hör mal, ich wollte mir gerne den Film XYZ ansehen. Hättest du Lust mitzukommen?«, dann geben Sie damit

Ihr Interesse an ihr bekannt, ohne das Gesicht zu verlieren. Es ist wichtig, die Einladung so zu formulieren, dass klar ist, dass Sie sowieso gehen. Auf diese Weise halten Sie sich die Tür zu einem würdevollen Rückzug offen, falls Ihre Bekannte nein sagt. Und selbst dann ist die Schlacht noch keineswegs verloren. Gehen Sie auf jeden Fall ins Kino, denn so haben Sie Gesprächsstoff, wenn Sie die Dame das nächste Mal sehen.

Wenn sie allerdings ja sagt, dann sollten Sie ihr auf jeden Fall am Ende mitteilen, wie sehr Sie ihre Gesellschaft genossen haben.

Frage

»Ich habe mich in einen verheirateten Mann verliebt. Was nun?«

Sie sind gerade dabei, mit bloßen Händen die heiße Herdplatte zu berühren. Lassen Sie es sein! Es lohnt sich nicht. Geben Sie sich nicht der Illusion hin, dass Sie es verkraften können, wenn er nur ab und zu Zeit für Sie hat. Aber vor allem sollten Sie sich klar darüber sein, dass Ihre Chancen verschwindend gering sind, dass er seine Frau für Sie verlässt.

Wenn Sie also mit dieser Beziehung weitermachen, dann laufen Sie nicht nur Gefahr, sich selber unglücklich zu machen, sondern Sie blockieren auch die Möglichkeit, jemanden kennen zu lernen, der sich hundertprozentig für Sie entscheiden kann.

Frage

»Ich habe gerade eine Beziehung angefangen, aber es stört mich, dass mich meine Freundin vor ihren Bekannten lächerlich macht. Bin ich überempfindlich?«

Nein, das sind Sie bestimmt nicht. Das Verhalten Ihrer Freundin ist wirklich nicht in Ordnung. Manche

Menschen sind wie ausgewechselt, wenn andere dabei sind – zu Hause lieb und nett, in Gesellschaft dagegen dann großmäulig und penetrant. Frauen stehen in dieser Beziehung den Männern leider manchmal keineswegs nach.

Das brauchen Sie sich aber nicht gefallen zu lassen. Wenn Sie in Gesellschaft anderer sind und Ihre Freundin über Sie herzieht, dann sagen Sie nichts, *aber lächeln auch nicht.* Haben Sie keine Angst, als Spielverderber dazustehen. Sobald Sie wieder zu Hause sind, sprechen Sie mit ihr darüber und erklären Sie ihr, dass Sie es gar nicht lustig finden, jedes Mal von ihr zum Hampelmann gemacht zu werden, wenn Sie ausgehen. Verlangen Sie klipp und klar, dass dies aufhört. Lassen Sie sich dabei nicht ablenken. »Ach, du bist so *humorlos!*« ist eine faule Ausrede. Jemand, der Sie wirklich mag, wird sich zu Herzen nehmen, wenn Sie etwas stört. Wenn Ihre Freundin das nicht kann, dann ist sie nicht die Richtige.

Frage

»Ich weiß, dass ich den falschen Partner habe, aber jedes Mal, wenn ich Schluss machen will, überredet er mich wieder, es noch einmal mit ihm zu versuchen. Wie komme ich aus dieser Beziehung heraus?«

Sie sind zum Opfer des klassischen Jo-Jo-Effekts geworden: auseinander und zusammen, bis jeder den anderen hasst – ein nervtötendes Spiel.

Bevor Sie Ihren Selbstrespekt restlos verlieren, sollten Sie jetzt Nägel mit Köpfen machen. Zum Überreden gehören immer zwei: einer, der überredet, und ein anderer, der sich überreden *lässt.* Seien Sie jetzt ganz konsequent. Machen Sie eine Liste mit all den Dingen, die Sie an ihm stören. Kopieren Sie die Liste und kleben Sie

Wer sich immer hin- und hergerissen fühlt, muß eine nüchterne Bestandsaufnahme machen.

eine an den Badezimmerspiegel, eine an die Innenseite der Wohnungstür und, besonders wichtig, legen Sie sich eine Liste neben das Telefon.

Schreiben Sie ihm einen *kurzen* Brief, in dem Sie ihn bitten, nicht mehr anzurufen und nicht mehr vorbeizukommen. (Geben Sie keine Gründe für diese Bitte an, das führt nur zu Diskussionen.) Wenn er schreibt, schicken Sie den Brief ungeöffnet zurück, wenn er anruft, hängen Sie sofort auf, wenn er Blumen schickt, verschenken Sie sie, und wenn er vor Ihrer Haustür steht, dann machen Sie ihm die Tür wortlos vor der Nase zu.

Wenn Sie das ein paar Wochen durchhalten, dann hat auch der Dümmste kapiert, dass Sie es wirklich ernst meinen.

Frage

»Meine Mutter hat an jedem Mädchen etwas auszusetzen. Meine jetzige Freundin ist wirklich nett und ich möchte sie nicht verlieren, aber meine Mutter benimmt sich ihr gegenüber unmöglich. Muss ich wirklich von zu Hause ausziehen, um das zu vermeiden?«

Das kommt darauf an, wie alt Sie sind. Wenn Sie Mitte zwanzig und älter sind, dann wird es langsam Zeit, dass Sie sich von zu Hause abnabeln. Wenn Sie dagegen finanziell von zu Hause abhängig sind, sollten Sie sich ganz gezielt dafür einsetzen, dass sich das ändert. Bis dies der Fall ist, bringen Sie doch einfach Ihre Freundin nicht mehr mit. Auf diese Weise wird Ihrer Mutter deutlich, dass Sie nicht gewillt sind, ihre Mäkeleien zu akzeptieren, und Ihre Freundin merkt, dass Sie auf ihrer Seite stehen. Wenn Sie nicht bald klar Stellung beziehen, kann es Ihnen passieren, dass Ihre Freundin Sie verlässt, weil sie Ihre Tatenlosigkeit als eine Bestärkung des kränkenden Verhaltens Ihrer Mutter empfindet.

Manchmal muss man sich kränkendes Verhalten verbitten.

Es ist zwar schade, dass man manchmal im Leben gezwungen ist, Stellung zu beziehen, aber es lässt sich nicht immer vermeiden. Nehmen Sie diese unschöne Situation zum Anlass, Ihr Leben umzukrempeln und zu dem zu stehen, was Ihnen wichtig ist.

Das Partnerschafts-Skript

Um Ihre Einstellung bei der Partnersuche ganz und gar auf Positiv zu polen, wird Ihnen das folgende Skript entscheidend helfen. Sprechen Sie es sich auf Kassette und hören Sie es sich jeden Tag einmal an, am besten vor dem Schlafengehen, wenn das Unterbewusstsein besonders empfänglich ist für Suggestionen.

Auf diese Weise beenden Sie den Tag mit positiven Gedanken, die sich immer stärker einprägen, je öfter Sie sich die Kassette vorspielen.

Wichtiger Hinweis

Achtung: *Wenn Sie den folgenden Text auf Band sprechen, dann sollten Sie* ***das Band auf keinen Fall anhören, während Sie Auto fahren oder eine Maschine betätigen!*** *Da ein Teil des Textes sich mit körperlicher Entspannung beschäftigt, könnte das Ihre Aufmerksamkeit vom Fahren ablenken und zu einem Unfall führen.*

Wenn Sie keinen Kassettenrekorder besitzen, können Sie das Skript auch auswendig lernen und es sich dann abends ruhig und mit Gefühl vorsagen. Auf jeden Fall sollten Sie sich aber erst einmal entspannen, bevor Sie das Skript benutzen. Machen Sie das bitte so, wie Sie es auf Seite 13 ff. gelernt haben. Ich gebe Ihnen hier eine etwas gekürzte Version.

Teil 1

- Legen Sie sich bequem hin und schließen Sie die Augen.
- Atmen Sie dreimal tief ein und aus.
- Spannen Sie die Füße an – und entspannen Sie sie wieder.
- Spannen Sie Unter- und Oberschenkel gleichzeitig an – und lassen Sie wieder los.
- Ziehen Sie den Bauch fest ein – und lassen Sie ihn wieder los.
- Ballen Sie die Fäuste und spannen Sie gleichzeitig die Armmuskeln an – und entspannen Sie sie wieder.
- Ziehen Sie die Schultern hoch – und lassen Sie sie wieder nach unten sinken.
- Beißen Sie die Zähne zusammen und kneifen Sie die Augen zu – und entspannen Sie Ihre Gesichtszüge wieder.

Wenn Sie diesen ersten Teil auf Band sprechen, dann formulieren Sie diese Anleitungen einfach in der direkten Rede, etwa so:

Formulieren Sie in direkter Rede.

- »Ich mache es mir jetzt einmal ganz bequem ...
- Jetzt hole ich erst einmal tief Atem ... und atme wieder aus ...
- und noch einmal ein ... und wieder aus ...

- und noch einmal ein ... und wieder aus ...
- Und jetzt die Füße anspannen ... und entspannen ...
- und jetzt die Beine anspannen ... und wieder entspannen ...«
- usw.

Sprechen Sie langsam.

Achten Sie dabei darauf, dass Sie langsam sprechen und die Pausen einhalten, die im Text durch drei Punkte wiedergegeben sind, so als ob Sie die Übung gerade durchführten. Danach geht es dann mit dem eigentlichen Skript weiter:

Teil 2

»Ich entspanne mich leicht und schnell. Mit jedem Atemzug schwebe ich tiefer, bis ich mich ganz wohlig und entspannt fühle. Ich bin eine liebenswerte Person. Ich bin entspannt und gelassen und sehe der Zukunft mit Zuversicht entgegen. Ich freue mich meines Lebens und genieße all die schönen Dinge, die ich täglich erlebe. Mit meiner Ruhe und meinen harmonischen Gedanken bringe ich alles Gute in mein Leben und ziehe den richtigen Partner automatisch an. Jeder Tag bringt mich dem Treffen mit meinem idealen Partner näher. Mein idealer Partner ist schon zu mir unterwegs. Ich lasse mir Zeit bei der Partnerwahl, da es mir darauf ankommt, gut und richtig zu wählen. Obwohl wir uns noch nicht kennen, kann ich mir schon jetzt vorstellen, wie gut wir uns verstehen, wie liebevoll wir miteinander umgehen und wie viel Spaß wir zusammen haben. Ich freue mich schon jetzt auf mein künftiges Glück zu zweit. Ich verfolge das Ziel der Partnersuche unbeirrt, mit Freude und Gelassenheit. Bis ich meinen Traumpartner gefunden habe, nutze ich die Zeit zu meiner persönlichen Weiterentwicklung. Ich lasse mich von nichts und niemandem von der Überzeugung abbringen, dass mein Traumpartner existiert und bereits auf dem Weg zu mir ist.«

Schreiben Sie dieses Skript auf einen Zettel, den Sie bei sich tragen.

Zusätzlich können Sie sich diesen zweiten Teil auch noch auf einen separaten Zettel kopieren, den Sie immer bei sich tragen und mehrere Male am Tag *mit Gefühl* durchlesen. Auch wenn Sie das Geschriebene noch nicht so ganz glauben können, sollten Sie wenigstens so tun, *als ob Sie es glaubten.* Auf diese Weise »trainieren« Sie Ihr Unterbewusstsein darauf, die Suggestionen allmählich zu akzeptieren, und entsprechend selbstsicherer fühlen Sie sich dann auch in Wirklichkeit. Fangen Sie gleich heute mit dieser Übung an. Je schneller Sie auf positives Denken umschalten, desto mehr Freude haben Sie am Leben, bis Sie Ihren idealen Partner gefunden haben. Und denken Sie immer daran:

Merksatz

Was andere können, können Sie auch!

Alle positiven Kurzformeln im Überblick

- Ich bin ruhig und gelassen und sehe der Zukunft mit Freude entgegen.
- Mit meiner gelassenen Einstellung gelingt mir alles gut und leicht.
- Mit Ruhe und harmonischen Gedanken bringe ich alles Gute in mein Leben.
- Ich freue mich auf all die schönen Dinge, die im Leben auf mich warten.
- Ich lebe mein Leben mit innerer Ruhe und Freude.

- Mein idealer Partner ist schon zu mir unterwegs.
- Mit jedem neuen Tag komme ich dem ersten Treffen mit meinem idealen Partner näher.
- Ich verfolge das Ziel der Partnersuche mit Freude und Gelassenheit.
- Bis ich meinen Traumpartner gefunden habe, nutze ich die Zeit, um mich selbst zum Traumpartner zu entwickeln.

- Ich halte durch und mit jedem Tag festigt sich mein Entschluss, meinen Traumpartner zu finden.

- Ich gehöre zu den Gewinnern im Leben – der Erfolg ist mir sicher.
- Ich lasse mich von nichts und niemandem von meinem Entschluss abhalten, mein Lebensglück zu suchen.

- Ich wünsche mir eine gute Beziehung und bestehe darum auf menschliche Qualität.
- Ich habe ein Anrecht auf den bestmöglichen Partner und gebe mich nicht mit weniger zufrieden.
- Es kommt mir darauf an, richtig und gut zu wählen, und darum lasse ich mir Zeit.

- Jeder darf mal etwas falsch machen – ich auch!
- Wenn mir etwas unklar ist, darf ich ruhig fragen.
- Es ist völlig in Ordnung, andere um Hilfe zu bitten.
- Ich lerne Neues gern und darf mir ruhig Zeit beim Lernen lassen.
- Perfektion ist für Hektiker, gelassenes Lernen für Lebenskünstler.

Alle Merksätze auf einen Blick

- Beharrlichkeit und Geduld führen garantiert zum Ziel.
- Hören Sie grundsätzlich nur auf den Rat erfolgreicher Menschen.
- Erfolgreiche Gedanken führen zu erfolgreichen Resultaten.
- Aufgeben können Sie immer noch, also verschieben Sie es auf morgen.
- Es ist nur eine Frage der Zeit, bis Sie Ihren Traumpartner gefunden haben.
- Lächeln kostet nichts.
- Wenn sich etwas falsch anfühlt, dann ist es auch falsch für Sie.
- Sie können andere Menschen nicht ändern, nur sich selbst.

- Lassen Sie bitte gerade bei der Partnersuche den gesunden Menschenverstand nicht einschlafen!

- Besser ein Ende mit Schrecken als ein Schrecken ohne Ende.

- Wenn ein Mann sich über die Falten einer Frau beschwert, dann muss der Mann weg, nicht die Falten!

- Wenn man nicht weiß, wo man hinwill, kann man sich zwar nicht verlaufen, aber kommt auch nie an.

- Sie können Ihr Traumschloss nicht auf einer Müllhalde aufbauen.

- Der richtige Partner kommt bestimmt.

- Was andere können, können Sie auch!

Stichwortverzeichnis

Literatur

Nathaniel Branden: *Liebe für ein ganzes Leben. Psychologie der Zärtlichkeit.* Reinbek 1997.

Jürg Willi: *Die Zweierbeziehung. Spannungsursachen/Störungesmuster/Klärungsprozesse/Lösungsmodelle.* Reinbek 1996.

Wolfgang Schmidbauer: *Kein Glück mit Männern. Fallgeschichten zur Nähe-Angst.* Reinbek 1995.

Michael Lukas Moeller: *Die Wahrheit beginnt zu zweit. Das Paar im Gespräch.* Reinbek 1992.

Leo Buscaglia: *Leben, lieben, lernen.* München 1986.

Michael Cöllen: *Das Paar.* München 1989.

Elaine und William Walster: *Liebe ist mehr.* München 1979.

Barbara De Angelis: *Wie viele Frösche muß ich küssen? So finden Sie den richtigen Mann.* München 1996.

Richard Carthago: *LiebesArt. Die Kunst zu finden, was man sucht.* Berlin 1997.

Maurice Messegue: *Lernen wir wieder zu lieben. Ratschläge und Rezepte für ein harmonisches Zusammenleben.* Berlin 1997.

Vera Peiffer: *Positives Denken. Was Sie schon immer wußten, sich aber nicht trauten, in die Tat umzusetzen.* Midena 1996.

Vera Peiffer: *Die Kunst, das Alleinsein zu genießen.* Midena 1997.

Partnervermittlung

Wenn Sie bei der Partnersuche eine seriöse Partnervermittlungsstelle einschalten wollen, wenden Sie sich bitte an eine der folgenden Adressen:

Deutschland:

Marianne Gaßner
Nymphenburger Str. 130 a
80636 München
Tel. 0 89 /1 29 29 19

DGH-Palmer
Eschersheimer Landstraße 420
60433 Frankfurt am Main
Tel. 0 69/53 90 06

Ursula Leonhardt
Institut Tischler
Gerhofstraße 40
20354 Hamburg
(Zweigstellen in Bremen, Lübeck und Kiel)
Tel. 040/34 30 20

Gisa Lange
top-contacte
Fasanenstraße 61
10719 Berlin-Wilmersdorf
Tel. 030/8 02 30 29
Info 030/8 83 47 25

Gesamtverband der Eheanbahnungen und Partnervermittlungen
Cavaillonstraße 6/2
69469 Weinheim
Tel. 0 62 01/18 37 13

Österreich:

Freizeit & Partnerschaft
Zeughausgasse 4 D
A-6020 Innsbruck

Institut PIW Wolf
Postfach 531
Wiener Str. 16
A-3100 St. Pölten

Institut Mayer
Postfach 61
A- 1014 Wien

Schweiz:

IPW Akademikerring
Löwenstraße 69
CH-8023 Zürich

Christlicher Partnerring
Fürst
Postfach 73
CH-8915 Hausen

Institut Resonanz
Postfach 134
CH-3097 Liebefeld

Institut Victoria
Brünnli 10
CH-8152 Opficon

I.B.Z. Partnerwahl
Postfach
CH-8700 Küsnacht

Büro Rendez-Vous
Ursula Girod
Hähenstraße 22
CH-8125 Ried

Nützliche Adressen

Um einen guten Therapeuten in Ihrer Gegend zu finden, können Sie unter der folgenden Adresse ein Berufsverzeichnis von Psychotherapeuten anfordern:

Institut für Humanistische Psychologie
Schubbendenweg 4
52249 Eschweiler
Tel. 0 24 03/47 26

Um einen Hypnosetherapeuten zu finden, wenden sie sich bitte an die folgende Adresse:

Milton-Erickson-Verband für klinische Hypnose (M.E.G.)
Konradstraße 16
80801 München
Tel.: 0 89/34 02 97 20

Sollten Sie Fragen zur Partnersuche, zum Positiven Denken oder andere Lebensfragen haben, die bei der Lektüre dieses Buches aufgetaucht sind, können Sie mich unter der folgenden Anschrift erreichen:

Vera Peiffer
The Peiffer Foundation
18 – 20 The Grove
London W5 5LH, ENGLAND